传承红色基因系列

主　编

辛向阳

执行主编

陈志刚

编委会

辛向阳　李正华　樊建新　杨明伟

龚　云　林建华　陈志刚　杨凤城　李佑新

中国女排

徐沐熙◎著

人民日报出版社

北 京

图书在版编目（CIP）数据

中国女排 / 徐沐熙著. -- 北京：人民日报出版社，
2024.4
ISBN 978-7-5115-7800-6

Ⅰ.①中… Ⅱ.①徐… Ⅲ.①女性－排球运动－研究
－中国 Ⅳ.①G842.92

中国国家版本馆CIP数据核字(2023)第085341号

书　　名：中国女排
　　　　　ZHONGGUO NÜPAI
作　　者：徐沐熙

出 版 人：刘华新
策 划 人：欧阳辉
责任编辑：周海燕　孙　祺
装帧设计：元泰书装

出版发行：人民日报出版社
社　　址：北京金台西路2号
邮政编码：100733
发行热线：（010）65369509 65369512 65363531 65363528
邮购热线：（010）65369530 65363527
编辑热线：（010）65369518
网　　址：www.peopledailypress.com
经　　销：新华书店
印　　刷：大厂回族自治县彩虹印刷有限公司
法律顾问：北京科宇律师事务所　（010）83622312

开　　本：710mm×1000mm　　　1/16
字　　数：160千字
印　　张：11.5
版　　次：2024年4月第1版
印　　次：2024年4月第1次印刷

书　　号：ISBN 978-7-5115-7800-6
定　　价：58.00元

广大人民群众对中国女排的喜爱，不仅是因为你们夺得了冠军，更重要的是你们在赛场上展现了祖国至上、团结协作、顽强拼搏、永不言败的精神面貌。女排精神代表着一个时代的精神，喊出了为中华崛起而拼搏的时代最强音。

　　——2019 年 9 月 30 日，习近平总书记在会见获得2019 年女排世界杯冠军的中国女排队员、教练员代表时的讲话

序　言

传承红色基因　赓续伟大精神

人无精神则不立，国无精神则不强。习近平总书记在党史学习教育动员大会上指出："在一百年的非凡奋斗历程中，一代又一代中国共产党人顽强拼搏、不懈奋斗，涌现了一大批视死如归的革命烈士、一大批顽强奋斗的英雄人物、一大批忘我奉献的先进模范，形成了井冈山精神、长征精神、遵义会议精神、延安精神、西柏坡精神、红岩精神、抗美援朝精神、'两弹一星'精神、特区精神、抗洪精神、抗震救灾精神、抗疫精神等伟大精神，构筑起了中国共产党人的精神谱系。"[1] 在庆祝中国共产党成立 100 周年大会上，习近平总书记进一步指出："一百年前，中国共产党的先驱们创建了中国共产党，形成了坚持真理、坚守理想，践行初心、担当使命，不怕牺牲、英勇斗争，对党忠诚、不负人民的伟大建党精神，这是中国共产党的精神之源。"[2] 革命理想高于天。以伟大建

---

[1]　习近平：《在党史学习教育动员大会上的讲话》，《求是》2021 年第 7 期。

[2]　习近平：《在庆祝中国共产党成立 100 周年大会上的讲话》，《人民日报》2021 年 7 月 2 日第 2 版。

党精神为源头的中国共产党人的精神谱系，是我们党和国家红色基因的重要组成部分，已经深深融入中华民族的血脉和灵魂，成为鼓舞和激励中国人民不断艰苦奋斗、攻坚克难、从胜利走向胜利的强大精神动力。

中国共产党的党旗是红色的，中华人民共和国的国旗是红色的——红色是中国共产党和中华人民共和国最鲜亮的底色。红色基因是我们党的血脉和灵魂，是我们党的宝贵财富和精神力量。在革命战争年代，中国共产党人随时面临生死考验。第一次国共合作失败后，中华大地被白色恐怖笼罩，革命者血流成河，但是他们没有被血雨腥风吓倒。夏明翰身陷牢狱坚贞不屈，在给妻子的家书中发出"坚持革命继吾志，誓将真理传人寰"的豪迈誓言。1936 年，共产党员赵一曼在与日军作战中负伤被俘，面对敌人的严刑拷打，她宁死不屈，从容就义，年仅 31 岁。在抗美援朝战争中，时任志愿军某部连长的杨根思，坚守阵地，在危急关头，抱起仅有的一包炸药，拉燃导火索，纵身冲向敌群，与敌人同归于尽，生命定格在 28 岁……

回顾历史，100 多年来，我们党始终把为中国人民谋幸福、为中华民族谋复兴作为自己的初心使命，始终坚持共产主义理想和社会主义信念，遭遇无数艰难险阻，经历无数生死考验，付出无数惨烈牺牲，以"为有牺牲多壮志，敢教日月换新天"的大无畏气概，团结带领全国各族人民为争取民族独立、人民解放和实现国家富强、人民幸福而不懈奋斗，书写了中华民族几千年历史上最恢宏的史诗，创造了人类发展史上的伟大奇迹。习近平总书记强调："要深刻认识红色政权来之不易，新中国来之不易，中国特色社会主义来之不易。"

把红色基因传承好，确保红色江山永不变色，是我们的历史责任和光荣使命。党的二十大的主题是："高举中国特色社会主义伟大旗帜，全面贯彻新时代中国特色社会主义思想，弘扬伟大建党精神，自信自强、守正创新，踔厉奋发、勇毅前行，为全面建设社会主义现代化国家、全面推进中华民族伟大复兴而团结奋斗。"①党的二十大闭幕后不到一周，习近平总书记带领新当选的二十届中共中央政治局常委瞻仰延安革命纪念地，庄严宣示新一届中央领导集体赓续红色血脉、传承奋斗精神，在新的赶考之路上向历史和人民交出新的优异答卷的坚定信念。新时代新征程，我们要牢记"三个务必"，牢记红色政权是从哪里来的、新中国是怎么建立起来的、新时代伟大变革的成就是如何取得的，坚定道路自信、理论自信、制度自信、文化自信，坚定历史自信，增强历史主动，谱写新时代中国特色社会主义更加绚丽的华章。

"传承红色基因"系列图书，坚持以习近平新时代中国特色社会主义思想为指导，旨在从党的百年伟大奋斗历程中汲取继续前进的智慧和力量，讲好红色故事、传承红色基因、赓续红色血脉，坚定理想信念，为全面建设社会主义现代化国家、全面推进中华民族伟大复兴凝聚强大精神力量。

是为序。

辛向阳

2023 年 11 月 29 日

---

①　习近平：《高举中国特色社会主义伟大旗帜 为全面建设社会主义现代化国家而团结奋斗——在中国共产党第二十次全国代表大会上的报告》，《人民日报》2022 年 10 月 26 日第 1 版。

目 录

第一章

体育强国梦和中国女排

第二章

中国女排的精神面貌

第三章

中国女排的历史评价

第四章

中国女排的精神渊源

体育强国梦和中国女排

第一节　发展体育事业　增强人民体质

体育强则国家强，国运盛则体育兴。习近平总书记指出"体育承载着国家强盛、民族振兴的梦想"，强调"不断开创我国体育事业发展新局面，加快把我国建设成为体育强国"①，在党的二十大报告中要求"广泛开展全民健身活动，加强青少年体育工作，促进群众体育和竞技体育全面发展，加快建设体育强国"。

蔡元培先生指出，"完全人格，首在体育"。体育运动不仅是强健体魄最有效、最科学的方法之一，也能磨炼意志、锻造精神力，还能提升人格。国家应当注重发展体育事业，将体育运动普及到人民群众当中，增强国民体质，提高健康水平。没有全民健康就没有全民小康，中华民族伟大复兴梦离不开体育强国梦。新时代更需要加快发展体育事业，以强健的国民体质为基石在新征程上大力推进中国式现代化。

① 《习近平在会见全国体育先进单位和先进个人代表等时强调　开创我国体育事业发展新局面加快把我国建设成为体育强国》，《人民日报》2017 年 8 月 28 日第 1 版。

一、"发展体育运动，增强人民体质"

毛泽东十分注重人民健康和体育事业。早在 1917 年的《新青年》杂志上，他就发表过题为《体育之研究》的文章，精辟阐释了体育事业的内涵、地位和作用。毛泽东指出身体是革命的本钱，人民健康的体魄是国家长久发展的基础，多次倡导在全国上下大力发展体育运动，把增强人民体质作为新中国发展的一项重要课题。1950 年，他给时任教育部长的马叙伦写信，提出"健康第一、学习第二"。1952 年 6 月 10 日，他为中华全国体育总会成立大会题词："发展体育运动，增强人民体质"，为中国体育的发展做出了最高指示，也为新中国体育事业指明了前进方向。

体育事业的发展对个人和国家都有极其重要的意义。一方面，发展体育运动是个人强健体魄、锻造意志、磨炼心性、愉悦身心的重要法宝。首先，体育运动能增强体质、促进机体健康。长期适量运动有助于提高人体免疫力，达到强健体魄的效果。其次，体育运动能更好地锻造人的意志力。需要持之以恒地坚持体育运动才能见成效，在长期坚持运动的过程中，不断克服困难和挑战，战胜惰性，人的意志力也会得到磨炼和锻造。再次，体育运动能磨炼心性。通过坚持不懈的、按部就班的、稳扎稳打的锻炼，人的心性会变得更加沉稳。最后，运动还是快乐的源泉。人体在运动时会加速分泌肾上腺素和多巴胺，从而刺激交感神经，令心情愉悦。

另一方面，发展体育运动是国家强盛、民族复兴的强大推力。发展体育运动除了能够提升个人体质、改善情绪、锻造意志力之外，还在国家层面对民族复兴有极其重要的意义。新中国成立之初，经济、文化、体育各方面的发展都落后于西方国家。中国亟须发展，中华民族亟待复兴。但经济的发展、科技的进步需要经历很长的时间，而体育运动比经济和科技的发展周期短，更容易在短期内取得成绩。这个时期发展体育运动并取得成绩既能激励人民的自信心，增强民族荣誉感、认同感，同时也是提升国际地位，实现中华民族伟大复兴的强大推动力之一。

二、"有人说，大球上不去，小球掉下来，我就不相信"

周恩来十分重视中国体育事业的发展。在中国体育事业发展之初，外界并不看好，认为身体羸弱的中国人很难在体育上有所建树。1959年4月，在第25届世界乒乓球锦标赛上，容国团为中国赢得球类运动的第一块世界金牌，之后中国乒乓球打破日本运动员独霸赛场的局势，在乒乓球大赛上取得多项辉煌战绩。然而，一些国家认为中国运动员在乒乓球比赛上取得胜利只是一种偶然。针对外界的质疑，才有了周恩来这句脍炙人口、掷地有声、绝不服输的体育名言——"有人说，大球上不去，小球掉下来，我就不相信"。

当时有专业人士指出，只要坚持发展体育运动，经过5—10年，中国人民的体质就会大大改善。因此，周恩来对中国体育事业的发展更加有信心，希望靠体育运动改善国民体质，提升爱国主义情怀。

（一）中国小球和大球的发展历程

三大球指的是排球、篮球、足球，三小球指的是乒乓球、羽毛球、网球。三小球项目无论是在球本身的大小、场地规模、参与人数，还是身体对抗强度上都小于三大球。中国三小球走上国际舞台并取得成绩的时间，早于三大球。

1. 中国三小球的发展历程和现状

乒乓球是中国三小球中发展最好的，也是中国球类体育项目中成绩最好的一项。中国的乒乓球运动在历史上取得过无数辉煌成绩，尤其是20世纪80年代以后，几乎在每次奥运会赛事上都能拔得头筹。目前，中国的乒乓球依然处于世界领先水平。在三小球中，羽毛球取得的成就仅次于乒乓球。中国的羽毛球队，是中国体育总队的王牌。从2000年悉尼奥运会到2020年东京奥运会，中国羽坛健将们不断刷新奥运冠军的数量，令中国羽毛球走向全盛的黄金时代。相对于其他两小球，引入时间较早的网球起步和发展却较晚，在民间普及程度较低，整体呈现起点低、基础差、与国外交流少的特点。网球职业队员的发展之路还很长，目前中国网球在国内的普及依旧任重道远。

2. 中国三大球的发展历程和现状

中国的三大球只有排球项目拿过世界三大赛事的冠军，其他大球项目至今未在国际赛事上夺得过金牌。"1979年底，中国恢复国际奥委会席位仅一个月之后，中国女排就夺得亚锦赛冠军，成为'三大球'中第一个冲出亚洲的项目。"[1]之后中国女排创造了"十连冠"的辉煌战绩，同时也经历了无数次的衰落与坎坷。总体来说，相较于三小球，中国的三大球还处于不断探索发展的阶段。历史上，中国男篮曾在亚洲杯多次夺冠，是名副其实的亚洲篮球强队，中国女篮也拿过1992年巴塞罗那奥运会亚军的好成绩。中国篮球不断突破自己的发展瓶颈，在世界强队林立的激烈竞争中，探索出一条发展之路。中国足球在不断探索中稳步前行。中国女足曾在1996年亚特兰大奥运会和1999年美国女足世界杯中拿到亚军，是中国足球迄今为止的最好成绩。中国排球是三大球中发

---

① 刘鹏：《女排精神闪耀时代光芒》，《人民论坛》2016年第28期。

展最好的项目，中国男排在洛杉矶奥运会上获得第八名的成绩，在北京奥运会上获得第五名的成绩。中国女排从 20 世纪 80 年代开始缔造了一个又一个时代辉煌，40 年间共获得 10 次世界冠军，其中包括 3 次奥运冠军。女排是中国三大球发展的标杆，是中国人民的骄傲。

总的来说，比较而言小球运动相对稳定，历史上实力强劲的队伍都相对固定。中国的小球整体成绩优于大球，中国大球除了排球之外整体水平都低于欧美国家，发展压力较大。这与运动本身的差异，有着较大关系。大球对团队协作要求更高，培养一个优秀运动员很难，培养一个优秀的团队可谓难上加难。大球竞技中双方的对抗更为明显，其中篮球和排球都属于高人项目，对身高和力度的要求很高，尤其是在排球比赛最重要的拦网环节，身材矮小的亚洲运动员很难拦住人高马大的西方运动员。而且大球项目竞争更为激烈，纵观大球发展史，一直是群雄逐鹿、强队林立的局面。历史上，很多球队都经历了从无限辉煌到衰落沉寂的过程，很少有国家能独霸赛场、长盛不衰。以排球为例，在女排发展历史上就出现过苏联、俄罗斯、日本、巴西、美国、意大利等众多强队。中国女排虽然在 40 年间缔造了"十连冠"的辉煌，却经历了从冠军到低谷，再从失败重回巅峰，再从巅峰到衰退的过程，可谓起起落落几经波折，而这正是体育运动的魅力和体育精神的彰显。

（二）大球上得去，小球亦没有掉下来

新中国体育事业在党和国家领导人的重视、体育工作者的艰辛付出、运动员的不断拼搏和国民的关心支持下，取得了有目共睹的成绩，打破了"大球上不去，小球掉下来"的质疑。

中国的小球不但没有掉下来，还在国际赛场上所向披靡，在世界各大体育赛事上创造了诸多辉煌成绩。中国的乒乓球队伍经过几十年的发

展，已经成为世界一流的强队，在国际舞台上开启了荣耀的中国时代。与此同时，中国的大球也在迅速发展，中国篮球、足球都曾夺得过奥运会亚军，中国排球成绩更是显赫，尤其是中国女排"十连冠"的辉煌成绩成为中国大球中的标杆和荣耀。历经 40 年的峥嵘岁月、三代人的栉风沐雨，一路披荆斩棘、荣耀不断的中国女排创造了越来越多的辉煌成就。

（三）周恩来对中国女排的发展高度关注

新中国成立之初，周恩来十分关心中国的体育事业，经常关注中国体育的相关消息。曾经有人回忆，周恩来的办公桌上总摆着与各国体育相关的新闻报纸。为了发展中国的体育事业，他提议请贺龙出任第一届中央人民政府体育运动委员会主任，为中国体育事业的发展挑选出了优秀的领军人。

排球是高人项目，对身高要求非常高，外界一直认为东方人身材矮小，在高人运动中不可能有突破。对于这样的观点周恩来从来都不以为然。一则关于日本女排的新闻报道让周恩来看到了机会，他和时任体委主任的贺龙经过认真分析后认为，同样身材矮小的日本女排运动员能夺冠，那么中国女排也一定能行，中国需要借鉴日本优秀的训练方式找到中国女排的成长爆破点。"1964 年 11 月，在周恩来的支持下，国家体委邀请大松博文率领世界女排锦标赛冠军贝冢队访问中国"[1]，并借此引入日本女排的训练方法。同时，邀请大松博文帮助训练中国女排。

当大松博文指出目前对中国女排训练的强度不到日本女排正常训练的一半时，周恩来严肃地提出务必按照日本队的正常训练标准训练中国队。同时提出要学习大松那种严格的精神，也要学习他们好的方法，还

---

[1] 孟红：《周恩来力邀"魔鬼大松"来华指导始末》，《福建党史月刊》2011 年第 1 期。

要借鉴大松博文推行的大运动量,从难、从严、从实战出发的训练方式。可以说,周恩来为中国女排在前进道路上打开了一扇新的大门,也为中国女排后期的腾飞奠定了坚实的基础,推动形成祖国至上、团结协作、顽强拼搏、永不言败的女排精神。

三、"三大球不翻身,我死不瞑目"

行军打仗要想取得胜利,除了具备强大的武器、团结协作的队伍、行之有效的战术,还需要优秀的作战领军人。体育事业的发展也需要卓越的领军人,对于中国女排来说,这个领军人就是贺龙。

提起贺龙,后人耳熟能详的有三个故事:红军长征、贺龙烟斗以及那句"三大球不翻身,我死不瞑目"的感人肺腑之言。贺龙对中国体育事业,尤其是对三大球的重视由此可见一斑。后来,这句话也成为激励中国三大球发展的重要精神力量。贺龙既是率领中国红军英勇作战的元帅,又是新中国体育事业发展的开拓者。他对中国体育事业的发展发挥了最直接最积极的作用,尤其对中国女排的发展作出了不可磨灭的贡献。贺龙之所以成为中国体育事业的领军人,并对中国女排的成长和女排精神的形成产生如此重要的影响,与他本人的成长经历、身份以及对体育事业的热爱有着不可分割的联系。

(一)贺龙的军人身份对中国女排的影响

贺龙是军人出身。他曾担任红二军团的总指挥,在艰难困苦的战争年代参加了挑战人类生存极限的二万五千里长征。这段特殊的经历,锻造了贺龙坚毅勇敢的军人品格,培养了他钢铁一般的强大意志力和顽强不屈的拼搏精神以及不怕苦、不怕累、不怕死的奉献精神。

贺龙担任体委主任之后，镌刻在他身上不怕苦、不怕累、不怕死，以及"祖国至上"的军人精神深深影响了当时的体育运动员们。贺龙非常关心运动员，对中国女排尤为重视，经常慰问女排运动员，并经常询问女排运动员"何时能够打败日本队"①。贺龙认为从事体育运动和行军打仗是同样的道理，都要有坚定目标、一往无前、不达目标誓不罢休的愚公精神；都要有心怀祖国、为国争光的强大的爱国主义情怀；都要有坚毅勇敢、爱拼敢拼的大无畏精神。

回想中国女排第一代教练袁伟民带领队员在漳州竹棚摸爬滚打、流血流汗的岁月，每个顽强拼搏的女排运动员都在夜以继日的训练中磨砺技术，在艰难困苦中锻造品格，她们身上都有长征精神的印记。可以说贺龙是新中国体育事业的奠基人，也是促使中国女排吸收长征精神进而形成女排精神的重要引路人之一。

（二）贺龙对体育运动的热爱深深影响着中国体育事业的发展

贺龙幼时随祖辈习武，尚武精神根植于心，这为其后来征战沙场、发展体育运动、强健体魄打下了基础。在军事训练中，贺龙常常把武术中的刺杀、摔跤、拳击同射击等军体活动结合起来，以增强军人的爆发力，提升反应速度。在训练之余他还倡导游泳、跑步等运动以强健军人体魄。贺龙用军队训练、武术学习、运动锻炼等多种方式提升军人的身体素质和作战能力，取得了很好的效果。

贺龙和体育运动有深厚的缘分，是中国军队篮球队的"开拓者"。全面抗战爆发之后，红二方面军改编成八路军120师。由于他本人热爱武术和体育运动，加上他带领的120师年轻人和知识分子又很多，对文

---

① 孔宁：《中国女排：一种精神的成长史》，北京日报出版社2020年版，第3页。

体活动有着极高的热情，于是在 1938 年，贺龙组建了军队中的第一支篮球队，取名为"战斗篮球队"。120 师的军人们在作战之余开展篮球运动，体育运动的开展让那些在残酷的战争中精神紧绷的年轻军人得到了片刻放松。他们通过热情高涨的篮球赛，达到了减压的效果，增强了队伍的凝聚力、强化了身体素质、磨砺了意志。

四、"把体育运动普及到广大群众中去"①

新中国成立之前，体育运动并没有受到重视，直到 1952 年成立中央人民政府体育运动委员会，中国的体育事业才迎来了新的转机。发展体育运动，振兴中国体育事业，增强人民体质，成为发展中国体育刻不容缓的重要工作。

体育运动国际化、现代化和大众化是改革开放后中国体育事业发展的前进方向。邓小平提出要把体育运动普及到广大群众中去，这是顺应时代潮流、符合国际体育发展长远目标的重要意见。

从毛泽东提出"发展体育运动，增强人民体质"到邓小平提出"把体育运动普及到广大群众中去"，再到习近平总书记提出"推动群众体育和竞技体育全面平衡发展，推进全民健身事业，不断提升人民健康水平"，无不体现了党和国家领导人对发展全民体育以及普及体育运动的极大重视。

（一）作为政治上的"老运动员"热衷于推动中国体育事业的发展

邓小平在开辟中国特色社会主义道路上取得了卓越成就，是政治上

---

① 1952 年 5 月 4 日，西南区第一届人民体育运动大会在重庆大田湾广场隆重举行，邓小平为此次大会题词："把体育运动普及到广大群众中去。"

的"老运动员",同时也是体育上的"老运动员"。邓小平十分热爱体育运动,注重体育健身。尤其喜欢游泳,以此锻炼心肺功能,强健体魄,甚至在 80 多岁时依然能在北戴河畅游 1 个多小时。邓小平提出要把体育运动普及到群众中去。通过体育运动强健国民体魄,通过弘扬体育精神锻造国民精神力。让国民以强大的体力和精神力投入振兴中华的伟大进程中。毕竟只有"东亚病夫"变成"东亚强夫"才具备振兴中华的身体资本。1954 年国家体育委员会在酝酿机关、编制时,拟成立群众体育处,邓小平指出,不能是"处",要成立"司"。根据邓小平的指示,国家体委成立了群众体育司。至此,中国第一次有了推动群众体育健康事业的司级职能部门,为群众体育事业的发展起到了推动作用。

(二)辩证的体育思想为中国体育事业的发展注入了生机和活力

邓小平将哲学的辩证思想运用到发展中国体育事业上,为群众体育和竞技体育的共同发展注入了生机和活力。前者注重在群众中普及体育运动达到强健国民体魄的目的;后者以提高体育技术水平和通过比赛获得优异成绩为目标。两者是对立统一、相辅相成的,因为秉承奥林匹克精神的竞技体育竞争极为激烈,可谓"后浪逐前浪",不断有人前赴后继地刷新竞技体育的成绩。在与世界各国的交流碰撞中,竞技体育水平成为衡量一个国家综合国力的重要方面,也是国民获得民族荣誉感和自豪感的一个特殊路径。在体育历史上很难有一个国家在一项运动上保持常胜不败,因为再优秀的运动员鼎盛时期也就短短几年,人员更替在所难免。一项运动要想长期发展,就需要培养后备运动员,快速完成新老交替及传承。只有增强人才储备,才不会因为人员流动和断层导致一个项目整体水平突然下滑。

将体育运动普及到大众中去,"积极探索竞技体育发展的新规律、新特点，顺应国际体育发展趋势，以坚持不懈、不断创新、密切合作的女排精神，不断完善中国体育发展战略，实现竞技体育与大众体育双向驱动"①，才能真正实现体育强国之梦。只有具有强大的群众体育基础，竞技体育才能朝着更高、更快、更好的方向发展。而竞技体育水平的提升又让体育在群众中的影响力不断增强，它所升华的体育精神也成为普及体育运动的内生动力。所以，发展体育事业既要发展竞技体育也要发展群众体育，在"群众普及"中凝练"竞技提升"，在"竞技提升"的影响下做到更好的"群众普及"，从而使体育事业永葆生机和活力。

（三）关心青少年身体健康、重视学校体育

少年兴则国家兴，少年强则国家强。邓小平十分关心青少年的身体健康，曾多次嘱咐国家体委要加强对学校体育的支持，要把学校的体育工作搞好。"少年具有强大可塑性，是祖国未来的栋梁之材"②，发展体育事业要从青少年抓起，这是普及群众体育并推动体育事业薪火相传的重要基础。竞技体育中经过后天锻炼成长起来的优秀运动员很多，但先天就具备良好资质的天才选手却并不多见，像排球运动员朱婷、乒乓球运动员邓亚萍等，都是天资卓越的运动奇才。这些天才运动员加上后期的锻造往往会成为在国际赛场上刷新世界纪录为国争光的超级 MVP（最有价值球员）。但天才产生的比例是很低的，甚至是可遇而不可求的。要发现更多的适合某项运动的天才少年，就必须将体育普及到大众，尤其是青少年当中。

综上所述，体育强国梦叩响几代人的心扉，成为几代人不懈的追求。

---

① 孟春雷：《"新时代"语境下的"女排精神"的价值及其实现》，《体育研究与教育》2018年第 6 期。

② 周阿萌：《1984—2016 年〈人民日报〉中国女排奥运报道理念嬗变》，陕西师范大学，硕士学位论文，2017 年。

中国女排是体育强国梦这部"大片"的主角之一。党和国家对女排事业的关心和培养，是促使中国女排在 40 年的发展历程中形成属于中国并且影响世界的女排精神的重要因素。可以说，没有中国共产党的培养，就不可能有女排的"十连冠"，没有中国共产党伟大精神的孕育，就没有女排精神成长的基础和养分。

第二节　中国女排的发展及战绩

从 1981 年第一次获得世界冠军以来，中国女排经历了披荆斩棘、挥泪洒血的 40 年发展历史，谱写了开天辟地的黄金时代、逆境重返的白银时代和涅槃重生的辉煌时代。历经三代传承、几次沉浮，几代中国女排人在呕心沥血的拼杀中，取得了"十连冠"的光荣战绩，在国际赛场上书写了属于中国人的红色奇迹。女排这支誓夺冠军的英勇之师是中国共产党培养起来的优秀时代楷模。

排球是体育运动三大球中的一个项目，也是最受欢迎、参与人数最多的球类项目之一。中国女排是中国排球的重要组成部分，也历来是国民关注度最高的体育项目之一，既是中国体育项目走进国际舞台的强大推动力，也是推动中国体育面向群众，提升中国体育普及率的重要力量。女排不只是一项运动，更是一种催人奋进的精神力量。

伴随中国女排的发展而生发出来的女排精神，是推动中国女排不断成长的强大精神力量，是激励中国人民为实现中华民族伟大复兴而勇于拼搏、锐意进取的强大精神动力。

一、中国女排的三个重要时代

对中国女排发展历程比较典型的划分是"三个时代划分论",即黄金时代、白银时代、辉煌时代。每个时代都有一个具有代表性的女排教练和几个标志性的国际大赛的冠军。综观推动女排精神形成的辉煌战绩,发现"女排的胜利总与国家的历史发展节点相契合"[①]。女排三个高光时代的形成和女排精神的三次传承都深受时代的影响,并与党和国家的关怀培养有着不可分割的关系。

(一)黄金时代——伟大的崛起:谱写女排精神

1981年是中国排球发展史上的特殊年份,也是开启女排精神的元年。1981年至1986年是中国女排的第一个重要时代。在这六年的时间里,中国女排夺得了两次世界杯冠军、两次世锦赛冠军和一次奥运会冠军,实现了在国际排球三大赛事的会场上升国旗、奏国歌的宏伟理想,使中国女排成为世界女排历史上第一个夺取"五连冠"的球队。这个时代对于中国女排的发展,以及女排精神的形成有着极其特殊的意义。

1. 开启了中国女排的崛起之路

作为高人项目,亚洲各国最初在排球运动上寂寂无闻,几乎所有胜利和冠军都被西方囊括。打破西方各国垄断排坛的局面是从20世纪60年代开始的,而为打破这一局面做出卓越贡献,并取得极大成就的亚洲国家是中国和日本。中日两国在历史上有很多渊源,在女排运动上也有过很多交流和学习。20世纪60年代,日本女排横扫欧洲各国,在交流

[①] 李文龙:《"女排精神"的文化窥视》,《广州体育学院学报》2020年第2期。

赛中创下一场场不败的神话，外界称其为"东洋魔女"。亚洲人在高人项目中无所建树的历史结束了，日本队的异军突起给中国排球队带来了极大的鼓舞，日本人能行中国人也一定能行，这样的自信和决心牢牢扎根在中国女排运动员心中。

中国女排在国际排坛打响名声是从 1981 年日本大阪举办的第三次世界杯开始的。当时中国体育界的口号是"冲出亚洲、走向世界"，在福建漳州女排训练基地的墙上也挂过这个标语。要走向世界，就必须在世界级的重要赛事上取得成绩。世锦赛、世界杯、奥运会是国际排球最重要的三大赛事，其中奥运会含金量最高，门槛也最高，竞争自然最激烈。有些国家的球队在长达几十年的赛事历程中都无缘奥运会。

郎平、陈招娣、孙晋芳等第一代女排运动员在福建漳州的竹棚中经历了艰难严苛、超强难度的魔鬼训练。黄金时代的教练袁伟民坚持"从难、从严、从实战出发，大运动量"的"三从一大"训练原则，致力于提升运动员在正式赛场上的反应能力、持久力以及接球的准确度等。功夫不负有心人，经过几年持续不断的训练，中国女排队员的整体实力得到了大幅度提升。在 1981 年女排世界杯最后一场决赛中，中国女排队员在对抗情绪十分强烈的客场氛围中顶住了巨大的压力，在 2∶0 的比分被日本队追成 2∶2，并且在决胜的第五局落后 3 分的艰难时刻，中国女排没有被充满危机的比赛浇灭信心，而是迅速调整心态，以最快速度恢复了正常水平，最终以 3∶2 战胜日本队。实际上，世界杯的比赛规则是 12 支参赛队伍采取单循环的方式，最终按积分算出冠亚军。当时中国队已经连胜 6 场，在和日本队的比赛中只要拿到两局的分数，在世界杯总积分榜上就已经是第一了。然而在袁伟民教练和女排队员们心中，代表中国站在日本球场上的她们，只有战胜东道主日本队才算真正的冠军。凭借运动员们强大的爱国主义情怀、奋勇拼搏的决心和坚定不移的毅力，"在确知已夺冠的前提下，全队仍全力以赴，尊重对手、认真对待比赛，彰显出了积极昂扬的精神风貌"①。自此，中国女排走上了崛起之路，在接下来的五年中，中国女排又夺取了世锦赛和奥运会的冠军，震惊世界排坛，开启了属于中国女排的黄金时代。

2. 极大地增强了中国人民的自信心、自豪感

1981 年女排夺冠，对于中国人来说有极其特殊的意义，是中国人永远铭刻于心的光荣记忆。当慷慨激昂、雄浑有力的《义勇军进行曲》在国际赛场上奏响，当耀眼夺目的五星红旗高高飘扬在世界杯的赛场上时，中国女排队员们热泪盈眶，全国人民欢欣鼓舞。中国人民和中华民族的自尊心、自豪感、自信心在那一刻达到顶峰。"学习女排、振兴中华"的口号随之响彻云霄，震醒了沉睡的"东方巨龙"。中国女排在欧洲人引以为傲的高人项目中夺得冠军，是中国人对"东亚病夫"蔑称的最有力回击，也是中国体育开启新征程的重要标志。女排夺冠，向世界"昭示了此时中国如中国女排一样的朝气蓬勃与无限可能"②。1985 年在日本举行的第四届女排世界杯上，中国女排七战全胜，赢得"四连冠"，创造了世界女子排坛的"中国时代"。同时，"中国女排"成为民族精神的代名词，在不知不觉地鼓舞着人民群众。自强不息的中国人争相学习女排，用女排的成就激励自己，以强烈的民族认同感和爱国主义情怀为国家的发展和强盛奋斗拼搏。

3. 谱写了新的民族之魂——女排精神

1981—1986 年间女排"五连冠"推动了女排精神的形成。生命有限，精神却亘古不衰。人类的祖先早就洞悉了精神文明的重要意义，文字的

---

① 舒为平：《中国女排现象的表征与时代意义》，《成都体育学院学报》2020 年第 2 期。
② 何国威：《女排精神、集体记忆与国家认同想象：以纪录片〈拼搏——中国女排夺魁记〉为例》，《电影新作》2020 年第 4 期。

创造、书籍的记载等实现了人类对精神文化的培养、锻造和传承。优秀精神的形成需要许许多多优秀人才的努力，同时还需要这些人才全面认同并用行动凝聚和锻造这种精神。

"在那个时代，中国社会刚刚从落后中起步，体育作为中国在国际舞台上彰显国家形象的重要标志，承担着国家使命，象征着民族精神。"[1]在一次次艰苦卓绝的比赛中，在强烈的爱国主义情怀指引下，逐渐形成了专属于中国女排的民族精神。女排精神的形成离不开中国共产党的长期培养和孕育，离不开广大人民群众全心全意的认同和支持。中国女排传承长征精神，升华竹棚精神，结合成长历程中形成的诸多优良品格，最终凝聚成了极具中国特色的精神瑰宝——女排精神。虽然女排精神的内涵十分丰富，但每个时期对社会影响最大、最核心的部分是不同的。这个时期女排精神最重要的核心内涵是祖国至上，为国争光。这种爱国主义情怀影响着全国人民，让中国人民的爱国主义精神得到了进一步提升。

（二）白银时代——逆境重返：锻造女排精神

自从 1986 年中国女排创造"五连冠"奇迹之后，国际排坛风云变幻，各国运动员的技术水平竞相提升，卓越的排球明星和优秀的教练层出不穷。中国女排的发展也和其他国家的球队一样不可避免地经历了更新换代，新老优秀运动员更替造成的断层很难在短期内弥补。国内外各方面因素的冲击让中国女排在长达 17 年的时间里因难有战绩而几乎淡出国际排坛，中国女排对世界排球的影响力也逐步减弱。直到 2003 年，陈忠和教练带领冯坤、赵蕊蕊、张萍、杨昊等第二代女排队员逆境重返，

---

[1] 张阿利：《电影〈夺冠〉：从三代女排透视女排精神的传承与发展》，《文艺报》2020 年 9 月 30 日第 4 版。

再次走上国际赛场的冠军之路。自低谷重回巅峰的中国女排开启了第二个高光时刻。在这个阶段，中国女排夺得了一个世界杯冠军和一个奥运会冠军。在女排人誓死拼搏、永不言败的风采中，女排精神的内涵变得更加充实，女排精神的影响力得到进一步提升。

1. 冠军或许会迟到但绝不会缺席

经历第一个高光时刻的黄金时代之后，在十多年的时间里中国女排都没有获得过国际赛事的佳绩，部分国人甚至相信外界谬传的中国女排时代已经结束了，没有了袁伟民的率领，没有了"铁榔头"那一批老一辈的女排队员，中国女排不可能再夺冠了，属于中国女排的高光时代已经彻底结束了的论调。另外，此时中国经济飞速发展起来，中国人似乎已不再需要用球赛的"夺冠"来证明中国的发展。

中国女排经历了较长时间的衰落期后，教练陈忠和——曾经在黄金时代担任过女排国家队的助理教练，继承了黄金时代的严格训练方式，带领女排运动员再次开启了魔鬼般的训练和磨砺，在不被期待的低谷逆流而上，于2003年重新夺回了失去多年的世界杯冠军，开启了中国女排第二个辉煌阶段——白银时代（2001—2004年）。

在雅典奥运会期间，世界杯大赛的第一副攻手赵蕊蕊受伤缺席，在危难时刻张萍以舍我其谁的决心走向了赛场，女排队员凭借持久的战斗力和拼死的决心勇夺每一个比分，以顽强的拼搏精神坚持到最后一刻，最终奇迹般地实现了雅典奥运会的惊天逆转。《义勇军进行曲》时隔多年再一次在奥运会赛场上奏响，中国女排向世界证明她的高光时刻再现。无论任何年代中国女排都有想赢的决心和能赢的实力，冠军或许会迟到但绝不会缺席。

2. 中国女排爱拼敢拼、绝不放弃

不同于2003年在日本大阪世界杯上过关斩将、一路高歌的胜利，中国女排在 2004 年雅典奥运会上历经波折。在之前的瑞士女排精英赛和世界女排大奖赛上，中国队的成绩都不尽如人意，严重打击了整个队伍的信心。然而爱拼敢拼的中国女排不惧艰难，在雅典奥运会上即使遇到美国、古巴、俄罗斯等实力强劲的对手，仍然不屈不挠、不卑不亢。在决赛中凭借沉稳的心态、坚毅的作风、顽强的拼搏精神，和俄罗斯队进行了一场史无前例的经典对决，最终创造了赛场奇迹，时隔 20 年再次夺得奥运会冠军。

3. 白银时代的两次世界冠军让女排精神更加丰满

女排队员在雅典奥运会前的魔鬼训练，以及在奥运会赛场上要球不要命，为争取每一个比分倾尽全力的拼搏精神，进一步筑牢了女排精神。中国女排在强队林立、比分差距明显的国际大赛中，从不轻言放弃、敢于绝处逢生令暌违 17 年的国歌再次在国际赛场上响起。这是中国女排通过坚持不懈、勇于拼搏取得的伟大成绩。女排运动员从困境中崛起，栉风沐雨、砥砺前行，不惧失败与艰辛，这些都让女排精神更加丰满。

（三）辉煌时代——涅槃重生：筑牢女排精神

2008 年北京奥运会后，中国女排再次陷入低谷，主帅一再更换，直到 2013 年郎平临危受命担任中国女排主教练，才开启了涅槃重生的第三个时代。在这个时期，中国女排共获得两个世界杯冠军和一个奥运会冠军。

1. 新女排时代的开启

新女排时代包括里约奥运周期和东京奥运周期，而开启女排新时代的领军人物正是曾经的世界冠军——"铁榔头"郎平。她于 2013 年回归国家队，重返赛场指导新一代女排。这是两代女排人穿越时空般的碰撞，也是女排精神的传承。在里约奥运周期，中国女排经历了亚锦赛的惨败和女排队员的新老更替。郎平上任后，从女排运动员的小问题着手，对排球技术精雕细琢，带领女排经过两年的卧薪尝胆，于 2015 年夺得第 12 届女排世界杯冠军，又在 2016 年夺得里约奥运会冠军。在东京奥运会周期，郎平率领中国女排走上领奖台后要求她们从零开始。经过两年的磨砺与锻造，中国女排再次夺得 2019 年第 13 届世界杯冠军。在两个奥运周期，郎平为中国女排培养出了朱婷、张常宁、袁心玥、龚翔宇、李盈莹等第三代优秀的年轻运动员。这是属于中国女排的辉煌的新时代。

2. 浴血奋战、涅槃重生

郎平贯穿中国女排发展的三个时代，分别以运动员和教练员两个不同的身份见证了中国女排的成长，是最能代表中国女排精神的象征性人物之一。改革开放之初，袁伟民教练带领当时还在起步阶段的中国女排来到漳州的排球训练基地，包括郎平在内的第一代女排队员们在那个由简易竹棚搭建起来的训练场上，以"从难、从严、从实战出发，大运动量"的训练方式磨砺高强度、高难度技术，在竹棚中流血流汗，最终在 1981 年世界杯的赛场上惊艳了世界，夺取了第一枚国际赛事的金牌。2013 年郎平于中国排球的危难时刻毅然担当起国家队教练的重任，不仅极大增强了全国球迷的信心，也给彷徨的中国女排指明了前进的方向。郎平身上体现出来的大公无私、永不放弃的精神也深深地感染着年轻的女排队员，感动着千千万万的中国人，她身体力行地将女排精神传递给新一代女排。她们勇于夺冠，也不惧失败；经历失败却依然有从头再来的勇气；在赛场上无论结果如何都永不言弃。女排精神在不断的涅槃重生中历久弥新。

3. 无论输赢女排精神都绝不过时

在 2016 年里约奥运会上，中国女排在小组赛多次失利的情况下，绝地反击，一路拼杀，夺得冠军，实现惊天逆转，让中国人再次看到了中国女排创造的奇迹。2020 年东京奥运会上中国女排在小组赛连输三局，出线无望的情况下，依凭敢赢不怕输的顽强毅力，从低谷向上攀爬，在对阵夺冠热门意大利队的比赛中赛出了中国人的风采和女排的精气神。2021 年 9 月 1 日，郎平卸任中国女排主教练；2022 年 2 月 3 日，中国排协宣布聘任蔡斌为新一届国家女排主教练。2022 年，中国女排在世界女排联赛中无缘四强，在亚洲杯决赛中获得亚军，在世锦赛中位列第六名。2023 年，中国女排在 2024 年巴黎奥运会资格赛中败北，在杭州第 19 届亚运会女子排球决赛中获得冠军。蔡斌教练带领主攻手李盈莹、王云蕗、仲慧、杜清清，副攻手袁心玥、王媛媛、杨涵玉、高意，接应龚翔宇、郑益昕，二传手刁琳宇、许晓婷，自由人王梦洁、倪非凡等人组成的国家队奋战在新征程上。从以上经历中可以看出，有时中国女排尽管输了球，但女排精神却永远保持在场状态，要赛出中国女排的气质和风度，因为这关乎国家风貌和民族精神。女排运动员在赛场上体现出来的祖国至上、团结协作、顽强拼搏、永不言败的精神力量是一脉相承、永不褪色的。比如，中国女排运动员虽然提前结束了东京奥运之行，但在最后的三场比赛中从年轻的女排队员身上依然看到了女排精神的传承，这是值得欣慰的！我们坚信，只要精神不灭，无论经历几次失败，中国女排依然能够从头再战。正如郎平所说，"女排精神不是赢得冠军，而是有时候知道不会赢，也竭尽全力。女排精神不会因输赢而改变"①。

经历了三个时代的传承，女排精神不但没有过时，还变得愈加丰满有力。在物质充沛的时代，年轻人身上难免有"骄娇"二气，更需要女排精神这样的正能量来激励，要奋勇拼搏、永不放弃。同时要退去奢靡

---

① 孔宁：《中国女排：一种精神的成长史》，北京日报出版社 2020 年版，（自序）第 1 页。

享乐、颓废堕落之风，学习女排坚毅勇敢、乐观向上的优良品格，树立正确的人生观、价值观。

二、中国女排"十连冠"

40年的风雨历程，三代人的传承发展，"十连冠"的辉煌战绩，谱写了中国女排的荣光岁月，锻造了震撼人心、经久不衰的女排精神。

（一）"十连冠"的风雨历程

女排的"十连冠"佳绩不是一蹴而就的，也不是一帆风顺的，而是经历了三代人的努力和三个时代的坎坷磨难，以及40年的沉沉浮浮。

1981年第三届女排世界杯中，中国女排一共进行了七场比赛，最终以未败一场的绝佳成绩开天辟地地夺得第一个世界杯冠军。

1982年第九届女排世锦赛中，中国女排在开局不利的情况下，背水一战、奋起直追，在随后的六场比赛中以一局未输的震撼比分，夺回半决赛资格，拿下第一个世锦赛冠军。在此期间，张蓉芳成功上演精彩的"双快—游动"战术，曹慧英的勾手飘球给人留下深刻印象。

1984年洛杉矶奥运会上，在决赛中对战美国队，中国队凭借多变的战术和赛场上永不放弃的精神最终夺得第一个奥运会冠军。这场中美对决，被世界排坛称为"世纪之战"，而"世纪之战"的第一局堪称"世纪之局"，双方可谓激战。郎平的强大拦网、张蓉芳的出色发挥、侯玉珠的强势发球，对整场比赛的胜利起到了至关重要的作用。

1985年第四届女排世界杯中，中国队开局顺利，过关斩将，跨过了苏联队这道难关，艰难战胜古巴队，最终击败主场的日本队并以七场胜利蝉联世界杯冠军。

1986 年第十届女排世锦赛中，中国队连赢六场比赛，顺利冲进半决赛。在古巴队新人崛起的时代，中国队以 3∶1 力挫古巴队，蝉联世锦赛冠军，同时成为世界上第一个获得"五连冠"的球队，谱写了世界排坛新神话。

2003 年第九届女排世界杯中，沉寂了 17 年的中国女排，经历了惊心动魄的中巴（巴西）之战，力克老牌强队古巴队，完胜东道主日本队，再次夺得世界杯冠军。

2004 年雅典奥运会中，中国队在小组赛输给古巴队，在半决赛再次与其相遇，经历了五局鏖战和整整两个多小时的拼杀，最终凭借过硬的技术、顽强的毅力和沉稳的心态淘汰了对手；在决赛中对决"铁帅"卡尔波利率领的俄罗斯队，中国女排在再失 2 分就面临完败的生死关头，实现惊天逆转，再创奇迹，重夺奥运会冠军。

2015 年第十届女排世界杯中，中国队与俄罗斯队开启了一场经典的世纪之战，最终凭借郎平高超的临场指挥能力和队员们顽强的意志力，以 3∶1 战胜俄罗斯队。随后中国队又在最后一场比赛中战胜日本队，时隔 12 年再次夺冠。

2016 年里约热内卢奥运会中，中国女排经历几场惨败，在对战劲旅巴西队时被逼到淘汰边缘，但依然无所畏惧，用一往无前的精神赛出了最高水平，打破了赢不了巴西队的魔咒，最终涅槃重生，赢得奥运会冠军。

2019 年第十三届女排世界杯上，中国女排夺得冠军，在新中国成立 70 周年之际，给祖国母亲献上了她们最好的生日祝福。

在 2020 年东京奥运会上，中国女排在小组赛中以三败两胜的成绩憾失小组出赛权，提前结束了东京奥运会的征程。在小组赛无法出线，对中国女排来说无疑是一次巨大的打击。新时代中国女排面临着前所未有的挑战和冲击，但女排人身上的精神之火却永不会熄灭。面对新的挑战，中国女排必将以百折不挠的决心和毅力从头再来，夺回曾经的荣耀。

（二）"十连冠"伴随着女排精神的形成

伴随着中国女排"十连冠"的历史，几代女排人在艰苦卓绝的奋斗历程中锻造出女排精神。中国女排在1981年第一次夺冠之前的训练中通过竹棚里的浴血奋战展现出自强不息、艰苦卓绝、永不言败的精神，后来这一精神被称为竹棚精神，是女排精神的前身之一。中国女排还不断吸收党的红色精神以及中华优秀传统文化精华，并将精神力量践行到运动和比赛中，用青春和汗水开辟出一条充满中国精神的冠军之路。

"天将降大任于斯人也，必先苦其心志。"（《孟子·告子下》）中国队每逢大赛都会遇到无比艰难的对决经历，雅典奥运会、里约奥运会皆是如此。尤其在里约奥运会赛场上，中国女排开局意外输了几场，在最后对战卫冕冠军巴西队时，外界的看法几乎是"一边倒"，都认为中国女排里约之行已经结束，这会是最后一场比赛。在巴西队主场观众席震天的欢呼声中，中国女排无畏无惧，以破釜沉舟的勇气，浴血而战、涅槃重生，打出了绝不服输的气势，在这场比赛中实现了华丽的蜕变，又一次创造了绝境重生的奇迹。

女排精神的形成是漫漫历史长河中中华儿女的无数优良品德的凝聚和升华。正是女排运动员在这些艰难的经典之战中体现出的坚强品质和永不言败的精神，感动了千千万万的中国人，激励了几代爱国青年。这些优秀品格经过岁月的洗礼凝聚成内涵丰富、催人奋进的女排精神，经过三代女排人的传承和发展成为中国人心中永不磨灭的记忆。中国女排因女排精神而与众不同，女排精神因中国女排而璀璨辉煌。女排队员在赛场上的辉煌促使女排精神形成，而女排精神又指引中国女排在困难的比赛中爆发出更加强大的力量，打出了一次又一次的奇迹之战。在赛场上吊着手臂奋勇厮杀的陈招娣；在接受了两次极端痛苦的心脏病手术之后重返赛场的惠若琪；一切以女排为大，父亲去世连最后一面也未见到的郎平……中国女排"十连冠"的背后是一部艰难险阻、踏遍荆棘的血泪史，女排精神的传承背后是女排运动员们公而忘私、无私无畏的奉献史。

建设体育强国是强国之路必不可少的组成部分。中国女排的成长是中国体育振兴的标志之一，是中华体育精神和民族精神的缩影、凝练和升华。女排精神感动着一代代中华儿女，成为中国共产党人的精神谱系的重要支脉。

第三节　中国女排的精神变迁

新中国成立后中国女排在党和国家的培养下不断成长，女排精神也在汲取民族精神和世界排球文化精华中应运而生。中国女排 40 多年的发展史也是女排精神的成长史和变迁史。作为中国人的精神瑰宝之一，伴随着时代变迁女排精神的内涵逐渐丰富，与各个时期的时代精神同频共振，经历 40 多年的传承历久弥新。无论时代如何变迁，女排精神对中国人的影响力都从未改变，时至今日依然有顽强的生命力和感染力，始终是中国人心中具有里程碑意义的强大精神支柱之一。

女排精神在历史上曾经被拿来和日本的"东洋魔女精神"进行比较。两者虽然都源于女排，又同为亚洲体育精神的代名词，表面看上去也十分相近，但其本质却不尽相同。女排精神于中国而言具有极其特殊的意义，它既是一种顽强拼搏、震撼人心的体育精神，也是中华文明 5000 多年辉煌历史沉淀于华夏儿女骨血之中的自强不息的民族精神，更是千千万万以中华民族伟大复兴为使命、砥砺前行的中国共产党人伟大精神的缩影。

从社会主义革命和建设时期到改革开放和社会主义现代化建设时期再到中国特色社会主义新时代，中国女排经历了从寂寂无闻到缔造辉煌，从沉寂衰落到东山再起的过程，创造了"十冠王"的震撼成绩。在过去的 40 多年中，中国女排经历了三个发展时期，团队成员和排球技术经历多次更替革新，而最核心的女排精神却被持续不断地传承了下来。虽然不同时期外界关注女排精神的亮点和重点不一样，但每个时期的女排精神对排球运动本身和社会都产生了重要的影响。

一、新中国成立后党为中国女排奠基立业

新中国成立后，党和国家领导人对发展体育运动极其重视。1952 年，毛泽东提出"发展体育运动，增强人民体质"，为新中国体育事业的发展指明了方向。其他领导人也十分重视体育事业，关心中国女排的成长。20 世纪 60 年代，周恩来、陈毅、贺龙等国家领导人经常探望女排队员，同时对中国女排提出殷切期望和要求。1953 年，中国排球协会正式成立。1954 年，中国排协加入国际排联成为正式会员。1956 年 8 月，由国际排联主办的男子第三届和女子第二届世界排球锦标赛在巴黎举行，国际排联正式向中国发出了邀请。

在日本女排崛起，打破欧洲垄断世界女排的历史格局，锻造"东洋魔女精神"时期，周总理邀请日本女排访华，并在北京体育馆亲自观看日本队的训练，之后又邀请日本队教练大松博文来华，帮助指导中国队训练。中国女排充分发挥中国人民善于学习、吃苦耐劳的精神，扛过大松博文一个多月的残酷训练，坚持了"从严、从难、从实战出发，大运动量"的"三从一大"训练原则。

从新中国成立到改革开放伊始，中国女排的发展虽然没有惊心动魄，震撼人心，但为中国女排的辉煌历程做好了铺垫，做足了准备。正是在这一时期的萌芽成长，为中国女排系统的训练体系奠定了基础。

（一）"东亚病夫"之痛及疗愈

在 1936 年柏林奥运会上，中国申报了近 30 个参赛项目，派出了一支由 69 名运动员组成的代表团。中国代表团在所有的参赛项目中除撑杆跳高选手进入复赛外，其他运动员都在初赛中即遭淘汰，最终全军覆没。中国代表团回国途经新加坡时，当地报刊上发表了一幅外国漫画并题为"东亚病夫"，以此讽刺中国运动员的败北。在中华民族正经历民族危机的年代，"东亚病夫"一词不仅仅是对中国体育和国人身体素质的嘲讽，更是对中华民族的蔑称，也是当时中国国际地位的真实写照。这一讽刺漫画源于"体育"，却暗指"国疾"。日本投降、内战结束、新中国成立，标志着中国病灶的切除，但病灶的切除离好起来、强起来还有很大的差距。彼时振兴中华需要政治、经济、文化、科技等各方面的发展，体育也不例外。

（二）三大球之殇及救治

体育要发展，三大球的翻身必不可少。起源于苏联的"三大球"称谓，专指篮球、足球、排球。20 世纪五六十年代，三大球被西方国家垄断，中国的三大球想要翻身困难重重。新中国成立之初，贺龙担任中华人民共和国第一任体委主任，他曾说过"三大球不翻身，我死不瞑目"。可见当时中国发展三大球的迫切性和必要性。排球比赛中与对手的直接身体接触和对抗少于篮球和足球，但对配合和协调度的要求极高，排球运动的这一特点让东方排球的发展成为可能。1960 年日本女排的崛起，也印证了亚洲人种在高度上虽然弱于其他人种，但在对身体素质有极其苛刻要求的排球运动中也有夺取胜利的可能性。自此，中国女排的发展有了榜样和目标，中国看到了三大球的希望。

二、女排的成长与改革开放和社会主义现代化建设同频共振

改革开放是决定当代中国命运的关键一招，也是决定中国式现代化成败的关键一招。中国女排在这个时期默默地酝酿着强大的能量，等待着破茧成蝶的那一刻。变革的过程总是痛苦的，前行的道路即便光明也是充满荆棘的，任何成功都不是轻而易举的。改革开放初期，中国和世界存在较大差距，迫切需要一种精神来鼓舞改革开放的信心。彼时女排精神应运而生，成为中国人强大的精神支柱。女排精神与改革开放精神同频共振，艰难探索发展之路的中国女排在改革开放的时代"加持"下，在吸收国外先进训练方式的基础上，全力付出探索一条冲出亚洲走向世界的腾飞之路。

（一）卧薪尝胆、披荆斩棘

从新中国成立到改革开放之前，中国在社会主义革命和建设过程中经历了无数艰难曲折的探索。探索中既有成功，也有失误；既有正确的经验，也有失败的教训。如：党的八大正确分析了社会主义改造完成后我国社会主要矛盾的变化，明确了这一时期的主要任务；党的八大二次会议提出了"鼓足干劲、力争上游、多快好省地建设社会主义"的总路线，但是却夸大了主观意志和主观努力的作用，一定程度上忽视了客观经济规律。党在不断的探索中曲折前行，中国女排也处在初步摸索阶段，从邀请大松博文三次访华，到"三从一大"原则的初步成型，无一不是在求索中解困。

在西方运动员占据优势的排球项目中，中国女排还没有探索出一条适合自己的前进之路，即使在亚洲都难有一席之地，但是她们始终以卧

薪尝胆的隐忍力和披荆斩棘的拼搏力等待着厚积薄发那一刻。1976 年，第一代中国女排运动员在袁伟民教练的带领下来到了位于福建省的漳州训练基地。所谓的漳州训练基地仅仅是一个简易竹棚。竹棚简陋的环境，经常让刻苦训练的女排姑娘们摔得浑身是伤，而棚内的闷热、潮湿更加剧了伤口的恶化。福建漳州体育训练基地接待科科长顾仕群曾说，"那时候的女排姑娘，是拿命在训练，但没人喊累，没人退出，因为大家心里都憋着一股劲，要证明我们中国人行"[①]！就是这个时候，一种支撑中国女排前进的"不怕苦、不怕死、永不言弃"的竹棚精神逐渐形成，正是这种坚定的精神信念支撑着第一代女排在艰难困苦中用汗水和青春、用鲜血和生命浇筑出一条全面腾飞之路。正是经历了这一阶段的卧薪尝胆，女排才终于探索出一条适合自己的发展之路，同时形成"女排精神"并开辟了中国女排的夺冠之路。

（二）坚定不移、勠力前行

中华民族伟大复兴是所有中国人的梦想，梦想成真既需要坚定不移的决心与顽强不屈的毅力，也需要一往无前的进取精神和波澜壮阔的锐意创新，更需要所有中国人的共同奋斗。

中国女排的代表人物郎平说："我在 18 岁的时候，给自己定了一个目标，只要我郎平站在球场上，就要为中国队获得每一场胜利，去夺取世界冠军。"[②] 在 1981 年第三届女排世界杯比赛中，中国队对战日本队决胜第五局，在中国队落后三分的紧急时刻，袁伟民怒吼道："我们奋斗了这么多年，就是为了这一场球，如果输了，你们会后悔终生！"[③] 这样的

---

① 孔宁：《中国女排：一种精神的成长史》，北京日报出版社 2020 年版，第 5 页。
② 孔宁：《中国女排：一种精神的成长史》，北京日报出版社 2020 年版，第 22 页。
③ 孔宁：《中国女排：一种精神的成长史》，北京日报出版社 2020 年版，第 12 页。

例子还有很多。在那个特殊的年代里，中国女排的目标不仅仅是战胜对手，更要奋勇拼搏、勇夺冠军、为国争光。

踏上改革开放征途的东方大国，急需女排夺冠这样振奋人心的消息。1981 年第三届世界杯女子排球赛在日本东京举行，当铿锵有力、雄壮激昂的《义勇军进行曲》奏响时，神州大地瞬间沸腾了。在举国欢庆中，那些热血与激情重新回到了迷惘已久的中国人的灵魂之中。此刻，中国人民的自豪感与荣誉感因女排夺冠而达到了顶峰。1981 年中国男排在夺得男排世界杯亚洲区唯一参赛资格时诞生的"振兴中华"的口号，也因女排此次夺冠而再次响彻中华大地。

（三）兼收并蓄、开拓创新

改革开放不仅给中国的发展带来了生机和活力，还给中国人的思想注入了新鲜血液。"解放思想、实事求是"，"实践是检验真理的唯一标准"，"科学技术是第一生产力、创新是引领发展的第一动力"，这些极其重要的观念意识逐渐走上中国的历史舞台，带领中国人锐意进取、开拓创新。改革开放的浪潮波澜壮阔，改革推动了开拓创新，开放促进了兼收并蓄。

从 1981 年开始，中国女排一次次赢得比赛，一步步创造辉煌，突破了万千极限，打破了数个纪录，缔造了女排的中国时代。1982 年 9 月 25 日，在秘鲁举办的第九届世界女排锦标赛中，中国女排夺得世锦赛冠军；1984 年 8 月 8 日，在美国洛杉矶举办的第 23 届奥运会中，中国女排夺得奥运冠军；1985 年 11 月 20 日，在日本举办的第四届女排世界杯比赛中，中国女排夺得冠军；1986 年 9 月 13 日，在捷克斯洛伐克举办的第十届世界女排锦标赛中，中国女排夺得冠军。至此，中国女排实现"五连冠"，以绝佳成绩为改革开放鼓与呼。

"五连冠"的传奇绝不是偶然获得，而是历经数十年的卧薪尝胆，从未间断地学习与开拓创新积累而成。兼收并蓄、开拓创新是中国女排不断进步的动力和源泉。善于借鉴他国文化，勇于学习新的排球技术，当"九连冠古巴王朝""东洋魔女""欧洲霸主俄罗斯"在世界排坛各领风骚之时，中国女排从未停止学习的脚步。女排教练袁伟民在借鉴日本大松精神的基础上，不断完善训练原则，优化训练体系，学习和吸纳国外的优秀技术、先进文化，终于在世界排球高手林立的丛林中走出了一条具有中国特色的女排之路。

三、女排精神与新时代相向而行

改革开放之后，中国的经济飞速发展。20 世纪 80 年代末，基本解决了人民的温饱问题；20 世纪末，国民生产总值进一步提高，人民生活达到小康水平；为了加快推进社会主义现代化的宏伟蓝图，实现中国梦，党向全国人民发出了实现"两个一百年"奋斗目标进军的时代号召。到中国共产党成立 100 年时全面建成小康社会；到新中国成立 100 年时建成富强民主文明和谐美丽的社会主义现代化强国。社会主义现代化强国不仅仅指经济实力大幅提升，还包括政治文明、精神文明、社会文明、生态文明的提升等所有人民群众对美好生活的向往。习近平总书记在党的二十大报告中提出以中国式现代化全面推进中华民族伟大复兴，为新时代勾勒新的宏伟蓝图。时代大潮只有一个方向，那就是奔流向前，与时偕行……

女排精神是与时俱进的精神瑰宝，是任何时期都值得借鉴的实践珍宝。虽然中国女排的发展历程不是一帆风顺的，但是女排精神没有在取得"五连冠"成绩之后慢慢衰退。在革命、建设、改革各个历史时期，女排精神都从未过时，也未曾退色，且随着历史的发展，越发熠熠生辉。20 世纪 80 年代女排的五次夺冠，无疑是"振兴中华"的最直观表现。随着第一个女排黄金时代的来临，女排精神几乎成为民族精神的代名词，不仅极大地鼓舞了人民群众，而且承担起了特殊的政治使命，成绩的好坏几乎成为关乎国家和民族荣辱的大事，女排队员们的夺冠压力与日俱增，低谷期随之而来。

"宝剑锋从磨砺出，梅花香自苦寒来。"雅典奥运会后，在经历了地狱般的训练，以及常人难以忍受的苦痛之后，沉寂了 11 年的中国女排再次走上了巅峰之路。2015 年 9 月 6 日在日本举办的第 12 届世界杯女子排球比赛中，在惠若琪、徐云丽等多名球员因伤病无法参赛的情况下，中国女排运动员们以勇往直前的决心和破釜沉舟的勇气对阵实力强劲的俄罗斯队，最终从冈察洛娃和科舍列娃两大世界级球星手中夺下主动权，以 3∶1 的成绩冲入决赛。凭借着酣畅淋漓的技术发挥和顽强拼搏的女排精神，中国女排再次夺得世界冠军。在 2016 年巴西里约热内卢举办的第 31 届奥运会中，中国女排再次登上世界之巅。

（一）不忘初心、砥砺前行

初心是灯塔，在黑暗中指明前行的方向，避免偏航。共产党人的初心就是为中国人民谋幸福，为中华民族谋复兴。只要千千万万的共产党人共同坚守住这颗初心，中华民族伟大复兴之路就不会偏航。这颗初心在不同的年代有不同的表现方式。战争年代，它体现为革命英雄抛头颅、洒热血，为新中国的成立不惜付出生命的代价；在经济起步的年代，它体现为所有有识之士承担起科技兴国的使命，在不同的岗位锐意进取、开拓创新；在综合国力不断增强的新时代，我们更应该不忘初心，以红色信念指引我们坚定不移地跟党走，冲破艰难险阻，走出一条通往中国梦的辉煌之路。

中国女排的传承与发展，同样体现着不忘初心的精神。不同年代的女排运动员身上都展现出团结拼搏、为国争光、绝处逢生、永不言弃等精神。无论是陈忠和带领的第二代女排团队，还是郎平带领的第三代女排团队，无不继承发扬了女排特别能吃苦、特别能奋斗、勇往直前等精神。郎平经历的魔鬼训练，冯坤也亲身体验了；赵蕊蕊流过的泪、受过的伤，朱婷也没有避免过。时光流逝、人来人往，中国女排的成员换了一批又一批。可是无论时代如何变迁，无论球员怎样新老更替，我们都能感受到中国女排实际上根本没有变，因为女排精神如同灯塔一样一直矗立在那里为女排指明航向。女排精神"具有符号象征性和历史传承性，是我国时代精神的具体表现"①。

（二）善终如始、永不言弃

"靡不有初，鲜克有终。"（《诗经》）相较于西方国家运动员的爆发力，中国女排运动员的突出特点是韧性，这也是一种永不言弃的精神力。中国人的坚强、韧劲、永不言弃的精神在每个时代都有一些突出的表现。比如杨善洲，一个一生为公、一心向党的全国优秀共产党员，一个"大自然的守护者"，他用行动践行着共产党人的初心和使命，在几十年的职业生涯中为造福一方群众殚精竭虑、拼尽全力。在退休可以安享晚年的时候，他依然不改为民服务的初心，投身大亮山，将荒山秃岭改造得郁郁葱葱。正是共产党人的坚定信念和永不言弃的精神支撑着他实现了植树造林 5.6 万亩的伟大奇迹。

"行百里者半九十"，这句俗语充分体现了持之以恒的重要性。在比

---

① 赵鹰：《符号和记忆：中国女排精神的内涵、特征及价值》，《体育文化导刊》2017 年第 8 期。

赛耗时较长的运动项目中，坚持不懈尤为关键。在排球运动中，特别是在双方水平相当的比赛中，经常看到前几局有些队伍势如破竹、气势如虹，而到后期往往表现出后劲不足的状态。在 1981 年日本队对战中国队的比赛中，中国女排前两局取得了压倒性的胜利，从第三局开始由于体力消耗过大，有的球员在比赛中出现了些许的懈怠，而这轻微的变化却让日本队连赢两局。直至艰难的第五局，在教练的适时喊停、科学指导下，中国女排在体力严重不足的情况下迸发出竹棚中磨炼出的韧劲，流淌在血液中永不言弃的精神开始发挥作用，最终全力奋战到最后一刻，赢得了属于中国女排的第一枚冠军奖牌。在之后的比赛中，无论输赢，中国女排总是坚持不懈、顽强不屈、永不言弃，奋战到底。

（三）团结奋进、携手并进

团结一切可以团结的力量，调动一切可以调动的积极因素，是中国共产党在艰难困苦中带领中国人民走向成功的重要秘诀之一，也是新时代中国共产党带领中国人民实现辉煌蓝图的重要方法之一。排球从来不是个体赛，而是团队赛。无论一个球员多么优秀，都不可能独自一人带领一个全无配合的球队赢得金牌。而一个团结奋进、配合默契的团队却能激发出天才球员的无限潜能。2015 年中国女排在世界杯的领奖台上带着未能参赛的队友球衣领奖，全场为之动容。这俨然是一幅中国女排姑娘群像，一个团结的球队，一群同甘共苦的姑娘，这也正是女排的集体主义精神。为了冲击 2019 年世界杯，中国女排进行了封闭式训练。为了让新人更好地成长起来，退役后的徐云丽重返国家队帮助球队的副攻手训练，参加里约奥运会的魏秋月也回到球队帮助二传组进行训练；她们很好地传承了中国女排团结协作的精神。正是那些刻骨铭心的团结协作、携手并进的训练，以及荣辱与共、共同进退的经历，才有了 2019

年中国女排世界杯夺冠的闪耀成绩。

进入新时代，中国的经济、文化、科技得到了前所未有的发展，综合国力不断增强。需要承担的责任随之增多，面临的新问题也不断凸显，因此更需要发扬女排精神，团结奋进、坚定不移地走好中国式现代化新道路。

四、女排精神的影响力不因时代变迁而改变

中国女排的发展历程一直鼓舞和激励着从历史困境中走出来的中国人，女排精神在中国人心目中不只关乎体育，更是强烈的民族精神和爱国精神，是属于中国人自己的精神。女排精神影响着一代代奋勇前行的中国人，给中国人无限的勇气和力量，并且不因时代变迁而改变。

（一）女排精神内涵在与时代背景相结合中逐渐丰满

1981—1986 年是第一代女排运动员开创的"五连冠"辉煌时期，是中国女排的第一个黄金时代。第一代女排运动员身处改革开放的探索时期，当时的中国经济发展水平低、科技落后、综合国力不强，中国体育的三大球水平不高。在这样的时代背景下成长起来的中国女排"冲出亚洲、走向世界"、为国争光的使命感更加强烈，一旦成功就是为国人注入了一针"强心剂"，可以在世界强国面前抒发民族自豪感。这一代中国女排传承中国共产党人艰苦奋斗的精神，通过漳州竹棚的艰苦训练，用"五连冠"的辉煌成就打破了"中国三大球"无法夺冠的魔咒，让"团结起来，振兴中华"成为时代呼声，使中国人燃起了强烈的民族荣誉感，找回了精神之魂和民族之骨。

2001—2004 年是女排的第二个黄金时代。彼时中国改革开放取得了

突飞猛进的成绩，经济、科技、文化、体育等各方面都发生了日新月异的改变。中国人民的自尊心和自信心也得到了进一步的提升，但中国的国际竞争力与世界先进国家相比，差距依然明显。"中国的三大球"的水平也不容乐观，中国女排经历了80年代的辉煌之后，进入一个沉寂的低谷时期。虽然这个时期的中国已然不需要一场竞技体育的胜利来证明国家的综合国力，但中国女排在中国人心中有着特殊的意义，国人对中国女排的期望从未减弱。女排精神是中华优秀传统文化孕育出的具有强大影响力的时代精神，是一种强大的精神符号。在这样的时代背景下，面对世界排球强国纷纷崛起的强大冲击，中国女排以爱拼敢拼的精神再次走上了冠军之路。2004年雅典奥运会上，中国女排对阵俄罗斯队，先失两局，在第三局差两分结束的情况下，忘我厮杀，逆境翻盘夺冠，向世界展现了中国女排在强大心力支撑下的顽强精神，也让面对更大机遇和挑战的中国人充满了不断拼搏的勇气和信心。

进入新时代，中国取得了举世瞩目的成绩，国际竞争力不断提升，与世界各国之间的交流合作也不断增强。中华民族伟大复兴成为中华儿女的共同追求，而谱写这一梦想的过程却面临更多的挑战。中国女排是实现体育强国梦的践行者之一，历经时代变迁锻造的女排精神是实现中国梦的时代精神标签之一。2016年里约奥运会上，中国女排在小组赛连输荷兰、意大利、美国成为小组赛第四名，如果再输给东道主巴西队，那么中国女排的里约奥运之征就将结束。在过去的比赛中巴西队战绩赫赫，中国女排从来不敢对之小觑。而且在里约奥运会上巴西队异常顺畅，一场未输。顶着东道主这一顶级强队的压力，女排队员虽然做好了打道回府的准备，但依然决定破釜沉舟、背水一战。在首局失利的情况下，郎平大胆起用"超级替补"刘晓彤，解放一传朱婷，并打出精彩的"调整攻"，夺取关键分数，鼓舞了士气，在生死之战实现反超，闯进四强。

之后面对自己首轮惨败的对手意大利队，中国女排重整旗鼓，发挥集体的力量，攻克了意大利队，随后又打败了荷兰队。里约奥运会可谓艰难曲折、千回百转，于黑暗中奋勇前行，最终柳暗花明。这一时期，虽然除了朱婷没有其他人能独自支撑一个位置，然而女排团结起来却是一个无比强大的队伍。这是外界对新时代中国女排的评价，也是女排集体主义精神的内涵所在。

三代女排人在无私奉献、奋勇拼搏中谱写了一部慷慨激昂的女排夺冠史，同时以共产党的伟大精神为养分，融合时代背景逐渐锻造出内涵不断丰富且历久弥新的女排精神。

（二）女排精神的影响力不因时代变迁而改变

2021年中国女排在东京奥运会女排小组赛上，因2胜3负无法在小组赛出线，遗憾地结束了东京奥运会的全部征程。在整体慢热，主攻朱婷、副攻颜妮均受伤，开局两败的不利情形下，中国女排队员依然能在之后的赛场上将平时的训练水平发挥出来，可以说她们在几场比赛中的表现和平时训练付出的努力是成正比的，但小组赛失利的比赛结果却是出乎所有人意料的，也成为即将卸任的国家队主教练郎平职业生涯中最大的遗憾。

冠军没有了，但女排精神却依然存在；女排败了，但女排之魂却没有败！在对战俄罗斯和意大利的比赛中女排运动员将团结奋进、不屈不挠、勇于拼搏的精神展现得淋漓尽致。无论是受伤的老队员在替补席上的欢呼，还是新队员面对强敌勇敢的正面碰撞，又或者是比赛输了之后郎平依然要运动员们抬起头……这些点点滴滴无不体现着中国女排的精气神。英勇夺冠时的女排精神鼓舞人心，而失败时不抛弃、不放弃的女排精神更能感染人。总之不应以一场比赛的输赢来评论精神的有无，因为越是在困境的时候越能体现精神的力量。赛场没有常胜将军，中国女排会输但女排精神却不会输，只要精神长存中国女排就永远不会失去夺冠的勇气。无论是在物质匮乏的年代还是在国力日益强劲的时代，中国人对中国女排的认同感都从未改变。

中国的文化博大精深，中国的历史源远流长，中国的民族精神内涵丰富。在绵延不绝、奔腾不息的历史长河中，中华儿女创造出一系列极具中国特色的民族精神和时代精神。然而有些精神只适用于某一个特定时期或者某一类特定的人；有些精神在传承过程中断绝、变味，甚至偏离了航线；有些精神缺乏大众性，导致大众认可度、接纳度低；等等。而女排精神却在时间的洗礼中经久不衰，在岁月的锻造中更加牢固。无论时代如何变迁，无论社会如何发展，女排精神将始终烙印在中国人心中。

第四节　中国女排的民族性与世界性

"体育外交"是"主权国家通过与世界各国开展体育交流、体育比赛和体育（文化）输出等活动，以促进各国公众间的理解与信任，从而达到维护本国国家利益、改善国家间关系、实现国家对外政策目标的一种新兴外交方式"①。在特殊的历史时期，中国女排作为国家形象的符号，通过体育交流让女排精神走出国门，从而影响世界对中国的认知，在民族性和世界性之间架起一座桥梁。

一、中国女排的本土化、民族化及国际化

中国排球事业的发展，为全世界排球运动的普及和技术的提升起到了极大的推动作用。信息化时代加快了世界各国的交流合作，如郎平一样的中国优秀排球教练，走出国门，在他国执教、培养优秀的排球人才；如朱婷一样的优秀女排运动员，通过参加国际比赛与国外的优秀运动员交流学习、提升排球技术水平，为全球的排球事业发展做出卓越贡献。

---

① 李德芳：《体育外交的作用及其运用——以北京奥运会为例》，《现代国际关系》2008 年第 10 期。

中国女排"十连冠"的战绩史是与世界各国优秀排球运动员持续碰撞、包容吸收、不断超越的交流史。女排精神是汲取中华优秀传统文化和世界优秀体育运动精神而成长起来的强大精神之力,她既是属于中国的,也是属于世界的。"体育语言是世界性的,因而真正的体育精神也必然具有世界意义,是人类的共同财富。"①

在全球化的今天,一个国家体育运动的发展不仅关涉本国,也对世界体育运动的格局产生影响。在"五连冠"的黄金时代,中国女排打破了"东洋魔女"在亚洲的统治,撼动了欧洲女排在世界排坛的地位。"铁榔头"郎平、"独臂将军"陈招娣等第一代女排运动员让世界从她们身上看到了无私无畏的为国争光的使命感;第二代女排运动员冯坤、周苏红、赵蕊蕊让世界看到了中国女排配合默契、团结一致的集体主义精神;第三代女排运动员惠若琪、魏秋月展现了乐观向上、顽强不屈的毅力;新生代女排运动员朱婷、袁心玥、张常宁、龚翔宇逆势而上、绝处逢生,女排精神震撼世界排坛。

中国女排不是世界上技术和实力最强的队伍,却是最能绝地反击冲击冠军的队伍。每次在赛场上面临绝境之时,中国女排总能用娴熟的配合和强大的精神力量逆势而上,雅典奥运会、里约奥运会无不是如此。回顾这两届奥运会,中国队经历几次赛场失利后,反而越挫越勇,把濒临绝境的赛事打得惊心动魄、荡气回肠,上演了华丽逆转,最终战胜对手。这种令世界排坛为之赞叹的"置之死地而后生"的强大精神力,是中华优秀传统文化孕育的,也是对共产党伟大精神的继承。

---

① 嘉央桑珠:《〈夺冠〉:诠释新时代女排精神》,《中国电影市场》2021年第1期。

二、女排精神是中华文化的瑰宝，也是世界人民的精神财富

郎平曾说："打世界大赛，毕竟不是打世界大战，我们打的不是利益，我们打的是一种人类的精神。"这句话最能诠释体育精神和体育的最终目的，也是奥林匹克运动会的初衷。奥运会是集体育精神、民族精神和国际主义精神于一体的世界级运动盛会，象征着世界的和平、友谊和团结。女排精神具有十分鲜明的民族独特性，同时也有世界各国球队身上共有的团结奋进的集体主义精神和爱拼敢拼、想赢能赢的求胜精神等。

体育运动是最能体现全球化的项目，各国体育运动之间的交流学习从未停止过，历史上中国女排在国际化学习交流上也经历了"引进来，走出去，再引进来"的发展历程。在女排起步之初，大松精神的流入是将国际体育精神和技能"引进来"最典型的代表。而中国排球和女排精神也有走出国门的时候，中国排球第一人郎平就曾在意大利俱乐部和美国队执教；女排新星朱婷作为土耳其瓦基弗银行队外援征战"欧冠"。这些都是中国女排和女排精神走出国门影响世界的事例。女排运动正是在这样的学习交流中不断前行的，不断尝试新的技术，刷新最佳纪录，传承历史精神，通过交流比赛推动国际友谊，促进世界和平。不仅女排运动员"走出去"，对国际社会的影响力不断增强，女排精神也受到越来越多人的关注。在里约奥运会夺冠之后，美联社第一时间报道，高度赞扬中国女排在逆境中表现出来的顽强拼搏精神，直言中国女排在这次比赛中展现出了"激情"和"战斗精神"。① 排球运动是深受世界各国人民

---

① 赵彦红：《中美体育新闻报道差异比较——以里约奥运中国女排夺冠为例》，《声屏世界》2017年第7期。

喜爱的体育运动之一，女排精神是中华文化的瑰宝，也是世界人民的精神财富；是中国传统文化和民族精神的生动写照，也是世界文化交融刺激下形成的中国的时代精神之一。

第二章

中国女排的精神面貌

每个时代都有自己的时代精神。纵观历史，很多精神思想只适用于某一个特定时期或某一个特殊领域，而女排精神则在历史长河的漫长洗礼和多次传承及几代人的锻造后，成为一种几乎具有普适性的重要精神力量。

2019 年 9 月 30 日，习近平总书记在会见获得 2019 年女排世界杯冠军的中国女排队员、教练员时指出，中国女排在赛场上展现了祖国至上、团结协作、爱拼敢拼、永不言弃的精神面貌①，对女排精神内涵作出高度总结。

第一节　祖国至上

国富才会民强。一个国家要发展，国人的爱国主义情怀必不可少。如果一个人的脑海里只有自我，只有个人主义，没有为国家和集体利益奉献的精神，那么一个集体一个国家的发展就无从谈起。"祖国至上"

---

① 《习近平会见中国女排代表》，《人民日报》2019 年 10 月 1 日第 1 版。

应该是每个人的坚守，女排作为中国体育的先进代表一直坚守这一精神原则。

一、中国女排的目标始终是在国际赛场上"升国旗、奏国歌"

"祖国至上"是女排精神的核心和首要内涵，"为国争光、勇夺桂冠"是每个女排运动员的初心和使命。在物质匮乏的 20 世纪 80 年代，女排运动员在条件简陋的漳州竹棚摸爬滚打、奋力拼搏。每一个运动员都燃烧着生命激情，即便伤痕累累、困难重重也绝不放弃，支撑她们的强大精神力量是初入国家队时喊出的那句誓言："只要站在赛场上就要为祖国夺取冠军。"她们深知自己担负十几亿中国人的期望。

在改革开放初期，中国同世界各国的差距让中国人的自尊心和自信心受挫，急需一场震撼人心的胜利来激发人们对祖国未来的希望。中国女排吹起了冲锋的号角，将自己的理想目标和国家荣誉紧紧联系在一起。她们的目标是冲出亚洲、走向世界；她们的初心是在国际赛场上升国旗、奏国歌。所有的中国女排人都为了这个宏伟目标奋力拼搏。面对"魔鬼大松"和袁伟民教练严苛的"三从一大"训练，女排运动员咬牙坚持，在有限的训练条件下不断磨炼技术，在艰难困苦面前毫不止步，不断超越自我，只为实现心中"升国旗、奏国歌"的美好愿望。1981 年在日本的世界杯赛场上，面对强大的对手以及客场铺天盖地欢呼声造成的沉重心理压力，女排运动员没有畏惧，而是勇敢前行。中国女排这支英勇之师凭借强烈的爱国主义情怀和顽强不屈的斗志，终于让慷慨有力、雄壮激昂的《义勇军进行曲》第一次在世界排球的赛场上奏响，让鲜艳的五星红旗在国际舞台上高高飘扬。

从此，无论中国女排运动员经历几代更迭，"祖国至上"作为女排精神的核心内涵都未改变过。中国女排每一次出征的目标都是在国际赛场上"升国旗、奏国歌"，这是女排精神的魂骨，无论何时都不会改变。

二、中国女排"祖国至上"的精神无处不在

中国女排的每一场比赛都关乎国家荣誉和民族尊严。早在"五连冠"时期，中国女排就已经成为代表国家和集体荣誉的精神坐标，甚至信仰符号。风雨历程四十载，女排经历了几次更替和荣辱变迁，作为灵魂的女排精神一直被不断地传承和发扬，时代的更替没有让女排精神衰落，反而令它更加熠熠生辉。其中，"祖国至上"精神最直接的表现方式就是夺取冠军，为国争光。中国女排在浴血训练时心中的信念是"祖国至上"，在赛场上不畏强敌、全力拼搏时内心想的依然是"祖国至上"。这是由当时的时代背景和中国经济发展水平以及国际地位决定的，无论是观众还是女排运动员，无不期待一场又一场的胜利。

女排老将孙晋芳直言，在 1977 年第一次参加世界杯时，中国队输给韩国队、日本队、古巴队，拿到第四名的成绩，当看到其他国家队员站在领奖台上，他国的国旗缓缓升起时，强烈的爱国主义情怀让她下定决心，一定要把球打好，让五星红旗高高飘扬起来。1981 年在女排世界杯赛场上，在对战日本队的艰难比赛中，中国女排凭借强烈的爱国主义和"祖国至上"的情怀，战胜日本队获得冠军。中国女排不是代表自己，而是代表开始走上改革开放新道路、充满希望和梦想的新中国。1982 年在秘鲁世锦赛上，中国女排在小组赛 0∶3 负于美国队时，袁伟民教练不允许遭遇挫折的女排运动员们在赛场上哭泣，因为她们在赛场上代表的不是个人而是中国，正是这样的尊严、使命和责任感让她们卸下沉重的

冠军包袱，破釜沉舟、背水一战，在之后的比赛中创造了一战未败的利马传奇。

在陈忠和任教初期，曾经"五连冠"的峥嵘岁月已成过往，彼时的中国女排在世界赛场上难有一席之地。但见证过中国女排辉煌岁月的陈忠和没有轻言放弃，他誓要带领中国女排重回世界之巅，在世界赛场上"升国旗、奏国歌"。2001年，在中国队两次输给日本队后，女排运动员在"祖国至上"精神的强大支撑下，进行了超强度的魔鬼训练，在2003年再次夺得女排世界杯冠军，时隔17年续写了中国女排的赫赫冠军史。

2013年在中国女排陷入低谷，主帅"难产"的艰难时期，郎平主动出山挑起中国女排教练的重担。尽管人到中年，但郎平对排球的热爱和"祖国至上"的精神坚守从未改变。在之后的几年中，她为了中国女排事业呕心沥血，带领以惠若琪、朱婷、张常宁、袁心玥等人为代表的新一代女排运动员日夜苦练，杀出了一条重返世界之巅的热血之路。尽管其间遭遇伤病、亲人离世等多种困难，但是郎平和女排队员们始终把"祖国至上"放在心中，把"为国争光"当作第一信念。在此后的2015年世界杯、2016年奥运会、2019年世界杯上，中国女排开启了新的冠军之旅，让中国女排成为当之无愧的"十冠王"。

正因为中国女排运动员在每场比赛中都将国家利益和集体荣誉，以及祖国至上、为国争光的使命感和责任感摆在第一位，才让中国人产生了强烈的共鸣。站在赛场上，中国女排承载着十几亿中国人的期望和梦想，胜不骄、败不馁，无论比赛结果如何，她们在比赛过程中呈现出的代表中华儿女顽强不屈、奋勇拼搏的精气神都永远不变。在训练的时候，女排运动员不怕苦、不怕累时想的是"祖国至上"；在面对强敌冲击冠军的时候，中国女排团结协作、奋勇夺冠时想的也是"祖国至上"；在明知无法夺冠却依然不言放弃、逆境求生的时候，她们想的依然是"祖国至上"。中国女排身上的"祖国至上"的精神不仅体现在夺取金牌的时刻，也体现在经历失败后坦然接受以期逆境重生之时，更体现在为每一次比赛付出全部心血与汗水的千千万万次平凡的训练之中。

无论在哪个年代，当穿上写着"中国"两个字的球衣那一刻，每个女排队员身上便涌起强烈的荣誉感和使命感。当她们走上赛场的那一刻，她们就不再是独立的个体，而是代表了伟大的祖国母亲，代表了 14 亿中国人。无论何时何地，她们的初心和使命都永远不会变，那就是"勇夺冠军、为国争光"。时代的变迁不会让女排精神褪色，也不会让女排"祖国至上"的爱国主义情怀发生任何动摇。

第二节　团结协作

团结协作是中国女排的制胜法宝。回首中国女排"十连冠"的辉煌历程，每一次比赛的胜利无不是女排运动员携手并肩、协同作战创造的团队奇迹。

一、团结起来、复兴中华民族

团结协作精神渗入女排运动员的血脉，体现在点点滴滴中。中国女排队伍中或许没有西方国家那么多耀眼的世界级球星，然而作为一个集体，团结起来就是一支足以打败世界"劲旅"的强大球队。女排运动员的团结既体现为赛场上的同心协力和同舟共济，也体现为训练场上的互相扶持和共同进步，更体现为荣辱与共、代代传承的代际团结。几代女排人共同谱写的"十连冠"历史让女排精神在中华大地上经久不衰，这和中国女排运动员传帮带的代际团结密不可分。郎平是见证中国女排历史的"活化石"，也是女排精神的传承人和传播者。她从重返中国排坛担任女排教练时开始，就身体力行地培养新一代女排运动员，既是为了夺冠，也是为了传承。

没有任何一块奖牌是随随便便就能拿到的，每一次团体赛的胜利都不是仅靠某一个天才球星就能夺得的。英雄也不只是那些站在台上领奖的球员，还有在背后默默付出的替补队员、伤员、教练员等。每一份荣耀背后还有无数幕后成员的辛苦付出。陈忠和、袁志、李童、袁灵犀等默默无闻奉献的女排陪打教练，是过去几十年间推动中国女排不断成长的功臣，是将女排队伍磨成利刃的磨刀石。为了中国女排的成长，他们甘当垫脚石，愿作孺子牛。

在女排的夺冠之旅中起决策作用的领导集体，也是团结协作精神的典范。他们起用郎平做第三代女排教练并执行她的奥运大名单计划；引进国外先进的医疗技术；提供最好的训练设施……这些都是中国女排运动的决策人员为女排事业的发展呕心沥血、殚精竭虑的成果。他们为中国女排的成长铺平了道路，提供了良好的政策环境和各方面支持。

正是因为有了团体团结一致的共同协作，中国女排才能有"十连冠"的无上荣耀，中国人团结奋斗的爱国主义情怀被推制高点。

二、一心同体、众志成城

"众人拾柴火焰高。"历史上有许多鲜活的例子反映出团结的重要性。泱泱大国要想振兴，离不开每一位中国人的努力。全党、全国取得的辉煌成就离不开在各行各业团结一致、默默奋斗的平凡百姓、无名英雄。中华民族伟大复兴需要一代代中华儿女众志成城的共同努力。

排球运动尤其需要一心同体、众志成城的团结协作精神，因为排球是团体赛，上场人员多，虽然个人技术很重要，但对团队配合、整体战术的要求非常高。第一，排球是三大球中的高人项目，队员身高对比赛的影响很大，相较于欧美队伍，平均身高较矮的亚洲女排在比赛中要想获胜，可以说难上加难，这个时候就特别需要队员之间的超强团结和极大信任，才能以团结之师取得佳绩。第二，排球是一项通过发球、传球、垫球、扣球等方式开展防守、组织进攻的运动，只有二传、主攻、自由人、接应等各个位置各司其职、全面配合才能打出一场精彩的比赛，如果没有团结协作，几乎无法完成一场排球团体赛。第三，中国女排教练组十分懂得如何通过团队合作发挥每位队员的长处，善于把每个队员的个性融入团队的共性之中，并筑牢团队的荣誉感和使命感。所以中国女排才能总是在赛场上心有灵犀地打出最佳配合，才能创造一次次的辉煌战绩。

"一心同体、众志成城"体现在每一场比赛之中。在1982年世界女子排球锦标赛中，与古巴队对阵，当女排处于下风时，主教练袁伟民审时度势，果断起用年轻队员梁艳、郑美珠替下老将周晓兰、陈招娣，以3:0轻取古巴，扭转了战局，赢得关键一役。之后，女排队员在坚强配合、勇敢拼搏下，一路凯歌，夺取了锦标赛冠军。在2002年亚运会备战时期，女排队员们"真正地团结成了一个人"。在2004年雅典奥运会的最后一战中，冯坤、周苏红、张越红完美配合的三扣绝杀，至今让人记忆犹新。2016年里约奥运会的夺冠之路也无比惊险，在连负荷兰队、塞尔维亚队、美国队的十分不利的局势之下，女排队员们互相鼓励、相互扶持，用强大的精神力和超强的心理承受力，团结一心，于逆境中奋勇直追，最后英勇夺冠。这些被历史铭记的经典赛事，无不体现了中国女排团结奋进的精神。

三、同舟共济、携手前行

一个团队的真正强大之处不在于它的常胜不败，而在于团队内部强大的团结意识和无坚不摧的集体意识。无论是在逆境之谷还是在荣耀之巅，无论是在饱尝败绩还是在开创辉煌之时，无论是输了比赛还是摘得金牌，中国女排永远是一个牢固的整体，不可割裂。荣誉是属于集体的，失败的责任也由团队共同承担。越是在困难之时，中国女排越加团结。在风雨几十年的女排征战中，越是压力巨大、艰难困苦之时，女排队员就越是能拧成一股绳，越是能携起手来背水一战。无论是场上6人还是替补队员，她们都互为彼此的肩膀，撑起不屈的脊梁，同舟共济、携手前行。

她们团结奋进，爱拼敢拼，坚毅勇敢，无私无畏。尽管时代变迁，中国女排队员历经三次更迭，换了18任队长，但是中国女排的团结精神却传承不息，随着几代人的传承和发扬，这一内涵更加丰满，外延更加广阔。

四、中国女排"传、帮、带"的代际团结

代际团结是中国女排持续更新换代，不断开创"十连冠"历史的关键因素之一，也是女排团结精神的重要体现。几代女排运动员都将女排代际团结的精神运用到实际的训练和比赛中。

1982年秘鲁世锦赛夺冠后退役的曹慧英、陈招娣、杨希等人都曾在中国女排冲击"三连冠"的关键时刻返回球场帮助队友备战；赖亚文从曾经的女排队长到后来的女排助教，从陈忠和到胡进再到郎平时代一直陪伴着女排成长；在中国女排陷入低谷的时候，2010年周苏红复出，带领中国女排夺取亚运会冠军；2019年在中国女排冲击世界杯的时候，退役的惠若琪、徐云丽、魏秋月分别以自己的方式为中国女排声援。在女排发展史上，老队员对新队员无微不至的关怀、全身心地传授技术，身

体力行地做好"传、帮、带"的工作。2016 年里约奥运会期间，三朝元老徐云丽因重伤无法参加比赛，在康复训练阶段毅然前往北仑为新队员传授经验，帮助她们备战比赛。徐云丽和魏秋月等老将是年轻女排运动员的知心大姐，她们带动朱婷、张常宁、龚翔宇这些小将快速成长为中国女排的核心成员。2021 年，张常宁带领王媛媛等新人出战比赛，承担起新一代女排"传、帮、带"的工作。这份代际团结是女排精神的温情守候。

第三节　顽强拼搏

历史上无数优秀人物的成功都离不开顽强的拼搏精神。顽强拼搏也是女排精神的重要内涵。

一、想拿冠军、能拿冠军的中国女排

体育运动既是一项拼搏体力的运动，也是一项挑战自我的运动，更是一项在发扬友谊精神的同时争相夺冠的运动。夺冠并不是体育运动的初衷，但奋勇拼搏、勇夺胜利是所有体育健儿共同的目标。激烈的比赛、强大的对手、多变的局势……充满挑战，每一场比赛都是对精神的重大考验。一场比赛的胜利既要有强健的体魄、扎实的技术，还要有强大的精神支撑。

在中国体育发展史上，女排精神是最具代表性的运动精神之一。夺取冠军、为国争光是中国女排人的初心和使命，中国女排运动员身上不仅有这种"想赢"的强大精神力，还具备"能赢"的专业技术，才会在一次次逆境中翻身，在面对强大的对手时用敢于亮剑、勇于拼搏的精神，在重重困难下杀出一条血路。中国女排精神传承的三个时代是女排人顽强拼搏的奋斗时代，也是女排人多次夺取冠军的荣耀时代，更是女排人想赢敢赢、绝处逢生、逆风而上的勇敢时代。

18岁的郎平曾在国旗下默默许下宏伟誓愿，从国旗最下边到地面的距离是3.32米，那是海曼（美国队主攻）的"摸高"，总有一天要超越她。这是一个普通的女排运动员给自己立下的誓言，也是为中国排球夺冠、为国争光的强大决心。无论是背负着沉重期望与压力的老一代女排，还是放下包袱、一往无前的新时代女排，她们都曾在球场上立下过属于自己的誓言。这些誓言的核心只有一个，那就是"我想赢、我能赢"。正是这样充满勇气、敢于顽强拼搏的誓言指引着中国女排跨过一次次风雨历程，战胜一次次艰难险阻，扛下一次次沉重打击，创造一次次夺冠奇迹。

女排精神的强大在于，在赢取比赛希望渺茫的时候依然能够奋勇拼搏，保持想赢、能赢的初心不动摇，这是非常可贵的，也是我们生活中较为缺乏而又十分重要的特质。郎平曾说，"即使是被挤压到绝境，也希望用尽最后一点力气再搏一下，这就是女排精神，不是一定赢得冠军，但是永远要有一颗冠军的心。"[1]很多时候，打败自己的不是对手，也不是结果本身，而是对失败的恐惧，对自然规律和客观环境的屈服。正是因为女排身上有这样不屈不挠、敢拼敢赢的精神，才会有2004年雅典奥运会上绝境逆袭俄罗斯队这样值得载入女排经典赛事史册的重大胜利。

二、追求"更高、更快、更强"的奥林匹克精神

"更高、更快、更强"是奥林匹克格言，也是所有运动健将传承不绝的座右铭，更是中国女排在赛场上诠释的重要精神力量之一。

---

[1] 马寅：《荆棘与荣耀：新时代女排奋斗记》，中国青年出版社2020年版，（序）第3页。

1984 年 8 月 7 日中国队 3∶0 战胜美国队，首夺奥运会冠军

　　"竞技体育的最大魅力在于：不断提高运动技术水平和成绩，攀登竞技高峰，创造世界纪录，夺取比赛优胜。"① 今天的最大挑战和目标是什么，如果这个问题有一个标准答案，那一定是"比昨天做得更好"！中国女排奋斗史上的所有傲人成绩，无一不是女排队员们通过一次次努力，一次次超越自我换来的。

　　从来没有所谓的奇迹，所有的奇迹与绝处逢生都是超越常人的努力与持之以恒的坚持换来的。观众席上的人们惊呼的或许只是拦网成功的一个球，又或许是恰到好处被救起的一个球，而这些却是女排队员经过千锤百炼的锻造之后牢牢刻在骨子里的球技。在危难时刻，在经历失败之时，女排队员之所以能够顶住强大的压力并在困境之中拼尽全力发挥出最佳水平，和钢铁一般强大的精神力、意志力是分不开的。

――――――――――

　　① 舒为平：《中国女排现象的表征与时代意义》，《成都体育学院学报》2020 年第 2 期。

2003 年中国女排夺得世界杯冠军，女排姑娘们兴奋地将教练陈忠和高高抛起

　　坚强是中国女排骨子里的根性。女子本弱，中国女排却刚硬如铁，堪称"铁军"。她们从柔柔弱弱的女孩子变成一个个体魄强健、技术成熟的运动员；从懵懂、腼腆的小女孩变成坚毅的球场战士。她们经历了难以想象的艰苦训练、艰难的环境、肉体上的巨大痛苦，以及无数个充满血泪的日日夜夜，锻造出了如钢铁一般坚毅的品格。她们热爱手中熟悉的排球，在顺境中不骄不躁、勇敢拼搏，在困境中勇往直前、逆境而上、绝处逢生，追求"更高、更快、更强"的奥林匹克精神。

三、中国女排在拼搏中创造奇迹

　　中国女排在 40 多年的发展历史中，从默默无闻到在国际三大赛事上创造"十连冠"的辉煌历史，让世界各国见识了女排精神，感受到了震撼人心的中国精神。中国女排的每次夺冠之战，在外界看来似乎都是一场奇迹，其实从来没有奇迹之战，有的只是拼搏。

中国女排将"拼搏"融入每一次平凡的训练之中，浸透在每个运动员的职业生涯之中。中国女排在训练中坚持不懈，爱拼敢拼的事例不胜枚举。第一代中国女排运动员的代表人物陈招娣刻苦训练，以超越极限的拼搏精神感染世人，她的拼搏故事更是成为教育中国青少年奋发图强的优秀实例。陈忠和带领第二代中国女排从低谷中起步，不断超越自我、不断挑战极限，训练场上留下了她们奋勇拼搏的印记。郎平带领第三代中国女排用更加科学化的方式不断完善细节，一遍遍纠正动作，使新一代的女排运动员经过训练场上一次次重复的训练，坚持不懈的努力，用拼搏之力完成了技术的升级蜕变。

中国女排将拼搏精神贯彻到每一场艰难的比赛中，用奋勇拼搏的精神开辟出一条夺取冠军的奇迹之路。1982年秘鲁世锦赛上，中国女排在小组赛输给美国队，在外界一致认为中国女排将与冠军失之交臂的时候，女排运动员用勇于拼搏的精神在之后的比赛中创造了奇迹，最终勇夺冠军。2003年11月2日，在第九届女排世界杯比赛中，中国队与"九连冠古巴王朝"交手，古巴队声称可以不夺世界杯冠军，但必须击败中国队，为了证明自己；中国队教练陈忠和要求队员们用拦防抑制对手的疯狂。两队互不相让，拼斗志、拼强攻、拼拦防……一个"拼"字诠释了这场"中古大战"。2004年雅典奥运会的夺冠之战至今依然令球迷心潮澎湃，在中俄对战中，面对人高马大、实力雄厚的俄罗斯队，中国女排毫不退缩，在比分落后的情况下拼尽全力，奋起直追，凭借顽强的拼搏精神血战至最后一刻，最终夺取冠军。在2015年女排世界杯上，中国队面对的第一个对手是"欧洲新军"塞尔维亚队，在开局不利，第二局被动的情况下，二传丁霞替补登场，以舍我其谁的气势投入比赛，与队员们一起以 3∶1 取得世界杯首场胜利。丁霞眼里的女排精神是每球必争，拼尽全力。2016 年里约奥运会是中国女排经历的最艰难曲折的赛事之一，中国女排开局不利，在小组赛濒临淘汰之际遇上东道主巴西队。在这场外界评论一致认为必输的比赛中，中国女排以顽强的拼搏精神、誓死战斗到最后一刻的决心，以及超乎常人的精神和毅力，经历漫长艰难的对决，最终赢得比赛，并一路拼杀，成功翻盘，成为笑到最后的冠军。

中国女排的拼搏精神既体现在漫长的训练中，也体现在赛场上艰难战胜对手的时刻，更体现在为中国女排事业奋斗的所有过程中。中国女排在赛场上创造的奇迹不是偶然，而是无数个日日夜夜的努力训练和赛场上面对强大对手拼死而战的精神带来的必然。

第四节 永不言败

中国女排"十连冠"的历程不是一帆风顺的，而是经历了无数的艰难险阻和痛苦失败，最终以永不言败的强大信念支撑起来的。对于到底什么是女排精神？郎平说："如果简单地说，就四个字——永不言败。如果说得细一些，那就是对胜利充满无限的渴望，对对手拥有必胜的信念，逆境中拥有舍生忘死的大无畏精神。"[1]

一、拿得起冠军也经得起失败

勇气是希望的灯火，能点亮通往成功的道路。女排队员最不缺的就是勇气，她们既有夺取冠军的勇气，也有直面失败的勇气。她们经历了一场场逆境重生，一次次从低谷重回巅峰，在困境中创造了无数奇迹。她们拿得起冠军也经得起失败，永不放弃，鼓舞了几代华夏儿女，感动了千千万万中国人，赋予无数青年越挫越勇的底气和决心。

回顾女排 40 年的风雨历程，"十连冠"的成功很耀眼，但她们经历

---

① 孔宁：《中国女排：一种精神的成长史》，北京日报出版社 2020 年版，第 8 页。

的失败也很惨痛。在 2011 年世界杯上惜败巴西队和美国队；在 2012 年伦敦奥运会上败给日本队，无缘四强，教练俞觉敏卸任；在 2013 年泰国亚锦赛上，连输泰国队和韩国队，以历史最差成绩落败亚锦赛。但中国女排并没有被这些失败击倒，而是在失败过后不屈不挠。这些失败非但没有让她们失去夺冠的希望，反而激起了她们的顽强斗志，绝不言弃，最终逆势而上，再回巅峰，夺取了 2015 年世界杯冠军、2016 年奥运会冠军、2019 年世界杯冠军。在 2020 年东京奥运会上，中国女排在小组赛输给土耳其和美国队；又以 2∶3 惜败俄罗斯队，在这场比赛中，中国女排顽强不屈，即便到了最后一刻也拼尽全力、绝不言弃；在小组赛出线无望的情况下，她们没有被失败困住前行的脚步，依然拼尽全力和意大利队打出了荡气回肠的精彩比赛，让世界看到了中国女排面对失败依然敢于拼搏、战胜自我的永不言败的精神力量。

二、逆境中创造奇迹

体育竞技有其客观规律，有高潮的黄金期，自然也有衰落的低谷期。中国女排这支顽强之师，同样有波峰和波谷的成长经历，但它总能在低谷和失败中奋发而上，从绝境中重回荣耀之巅。

胜利，哪有那么容易！金牌，岂是轻易可拿？中国女排总能在逆境中以永不言败的精神创造一次次赛场奇迹。最具代表性的有三次。

1984 年洛杉矶奥运会是中国女排第一次冲击奥运冠军的比赛，也是她们经历过的困难重重的经典赛事。那一年，在袁伟民教练的带领下，连夺世界杯冠军和世锦赛冠军的中国女排经过人员调整后整装待发，以誓要夺冠的决心走上了奥运会赛场。当时有张蓉芳、郎平、周晓兰、侯玉珠等 12 名队员。中国女排旗开得胜，小组赛第一场和第二场分别以

3∶0的大比分击败巴西队和德国队。但竞技比赛十分残酷，不可能一帆风顺。在第三场比赛时中国队遭遇美国队，在这场比赛中郎平的扣球被马杰斯压制，海曼和克洛斯特在网前的强攻屡屡得分。重压之下，势头正盛的中国队频繁失误，最终以1∶3输给了美国队，原本预料中的冠军之路瞬间充满荆棘，甚至变得似乎无比遥远。之后，陷入困境的中国女排以绝不服输的精神，放下了心中的冠军包袱。在接下来的比赛中使用"多变化""堵快攻""打战术"等策略以3∶0淘汰日本队，令形势逆转，冲进决赛。在决赛中再次对战美国队，展开了一场堪称经典的"中美世纪之战"。在这场比赛中，中国队死守海曼，拦住其攻势，使"怪球手"张蓉芳能够平稳得分。中国队扛住了对方猛烈的冲击，以顽强的毅力和完美的团队协作打出了中国队的节奏，让世界看到了中国队从失败中站起，从逆境中重生的、永不言败的女排精神。

在2004年雅典奥运会上，中国女排的"得分利器"赵蕊蕊旧伤复发，缺席整个奥运赛事，使中国队陷入不利局面，在第三场小组赛上输给古巴队。这是中国队在三大赛事上第一次输给古巴队，对中国女排队员造成了严重打击，外界以为中国女排已经夺冠无望。但女排运动员不惧失败、不畏困境，以永不言败的精神奋勇而上，一路拼搏，冲进了半决赛。在半决赛再遇古巴队时，实现了逆风翻盘，冲入决赛。在队员受伤、小组赛失利的情况下，中国女排没有被困难击败，反而在逆境中催生出更加强大的能量。在接下来的比赛中百分之百地全身心投入，以披荆斩棘之势夺取了冠军。女排运动员在赛场上完美配合、忘我拼搏，以逆境重来的雷霆之势让世界领略了她们永不言败的精神。

2016年的里约奥运会可以用九死一生来形容。在这届奥运会上，中国队和荷兰队、意大利队、波多黎各队、塞尔维亚队、美国队分在一个组，有人说这是一组由排球劲旅组成的"死亡"之组。中国队开局就以2∶3

惜败荷兰队，之后又败给了塞尔维亚队和美国队，以小组第四名的成绩勉强晋级八强。中国队在四分之一决赛上又提前遭遇了无一败绩的东道主巴西队，此时中国女排永不言败的精神再一次发挥了作用，令几乎走到悬崖边缘的队员们生发出决战逆境的顽强毅力，在先失一局之后，刘晓彤作为"奇兵"被派上场，中国队使用强攻、拦网和快速配合等战术，历经五局苦战，最终以 3 : 2 夺得比赛的胜利。这是一场精彩的绝处逢生的逆袭之战，是女排队员将永不言败的精神发挥到极致的比赛。在之后的比赛中，中国女排以誓要夺冠的决心一路破风斩浪，剑指冠军。

中国女排之所以能取得"十连冠"，打出三次绝地反击的奇迹之战，是因为队员们即便在困境之中也没有丧失拼搏的勇气，越是在艰难处境中越能激起奋勇前行、勇夺胜利的顽强力量。

三、踏遍荆棘却笑容依旧

在国际赛场上叱咤风云的中国女排并非一路凯歌，几番陷入低谷，几经衰落，甚至经历过在亚锦赛都未能闯进前三名的尴尬局面。在 2020 年东京奥运会上，作为"十冠王"的卫冕冠军，中国女排在小组赛上遗憾落败，提前结束了奥运之旅。这样的打击不可谓不沉重，但相信中国女排经得起时代考验，也扛得住困难打击。

中国女排一路走来充满荆棘和坎坷，即使像郎平这样的明星队员也经历了无数伤痛。作为昔日"三大主攻手"之一的郎平，曾经因为伤病早早退役，不得不离开热爱的赛场，而她本人对排球的热爱和女排精神深深地镌刻在她的骨子里，乐观向上、永不言败的精神，让她在接受了数次手术之后，毅然重返国家队执教。坎坷的道路、身体上的伤痛，没有磨去她身上的韧劲，初心如钻石一般，越是历经岁月磨砺越是光彩夺目。再次踏上球场，她笑容依旧，无怨无悔地投入振兴中国女排的伟大事业之中。

　　中国女排的铿锵玫瑰们，一路踏遍荆棘，却笑容依旧，永不言败。女排那些恰如其分的拦网、全方位的技战术体系、"快字当头，以快制凶"、顽强的攻守……都浓缩凝练为永不言败的精神力量。

第三章

中国女排的历史评价

第一节　一座深入人民心灵深处的丰碑

女排精神是一首慷慨激昂的爱国之曲，是一首奋勇前行的拼搏之歌，是一段镌刻在中国人集体记忆中的光荣历史，是一座深入人民心灵深处的丰碑。

一、1981 年万人空巷看女排

中国女排对于中国人来说不只是一支体育代表队，更是属于几代中国人的特殊情结和集体记忆。[①] 20 世纪 80 年代，群众的娱乐活动少之又少。1981 年 11 月，是中国女排征战第三届世界杯的日子，那段时间全国各地的人都成群结队地聚集在黑白电视机前，挤得人山人海，热火朝天地讨论赛事。那些被挤在重重围观的观众之外，连一点点电视画面和声音都听不到，只能看到前面人头攒动的观众也没有一个离开。他们或者踮着脚尖、竖着耳朵倾听着前面那些人交头接耳的议论之声；或者目不转睛地关注着前排人们的细小表情，希望从中分析出当时电视播

---

① 邱琛：《里约奥运会中国女排媒介形象研究》，中国青年政治学院，硕士学位论文，2017 年。

放的实况；看不到电视机的人们就在收音机旁聚精会神地听排球赛事解说。在那个物质匮乏的年代，女排世界杯的比赛受到人民群众的如此追捧，既反映了人民对国家荣誉的渴望，也说明了中国女排自身魅力之强大。

（一）万人的寄托、万人的荣耀

20世纪80年代初，黑白电视机和收音机是除报纸之外新闻、舆论传播的主要载体。当时拥有电视机的家庭少之又少，很多人只能在户外围观。女排参赛的11月正值秋末冬初，气候变冷，白天的室外已经很难熬，更别提气温骤降的夜晚了。但即便受冻，中国人的内心也是火热的，是激情澎湃的，他们的心情随着赛场上的变化忐忑起伏。这是代表中国体育实力的大球第一次在国际赛场上冲击最强者的比赛，更是中国人期盼已久的冲出亚洲、走向世界的重要比赛。可以说，这次比赛不仅仅是分数和排名的争夺，更代表着中国人的荣耀和尊严。

在1981年第三届女排世界杯的第一场比赛中，中国队以3∶0轻取巴西队，但此时的中国队并没有引起世界强国的注意，因为在之前的很长一段时间里世界级女排赛事基本上是苏联和日本争夺霸主之位，美国紧随其后。在这次比赛的第二场，中国队对战当时的老牌强队苏联，在第一局比赛中苏联队以4∶15大比分输给中国队；第二局苏联队进入状态，发挥出实力，以猛烈的进攻破坏中国队的一传，把比分拉成了9∶0，在危急关头袁伟民教练换上曹慧英，并逐渐组织进攻，在防守上拦死了对方的重球，最终把比分扳回到9∶10。在这乘势而上的紧要关头，张蓉芳在准备进攻的时候却踩到队友的脚，把踝关节扭伤了。然而，她顾不得伤势疼痛，硬是把球扣了过去，在得分的同时她倒了下去，在教练询问她是否需要换人时，张蓉芳坚决不换，以顽强的毅力战胜肉体的疼痛，继续参加比赛。在过去的 19 年间，苏联队对中国队一直保持着常胜不败的战绩。这场比赛对于中国女排而言太重要了，她们誓要改写历史，打败强大的苏联队。高大的苏联球员在面对身高 1 米 74 的矮小主攻时却拿不到任何优势，本来以为中国队的主攻手受伤正是苏联队力挽狂澜的好时机，但顽强的中国女排却最终将比分追成了 16 : 14。在苏联队还无法相信曾经的手下败将居然在她们这支冠军球队身上拿到两局时，中国队却在接下来的比赛中一鼓作气直接打出了 15 : 0 的好成绩，苏联队三局一分未得。国际赛场的对手们对这样的结果瞠目结舌，不敢相信。而电视机前的中国人民已激动得热泪盈眶。在之后的比赛中，中国队以 3 : 0 的战绩连赢南朝鲜队、保加利亚队、古巴队，在前五场保持不败。在接下来的比赛中，中国队遇上了刚刚以 3 : 2 战胜日本队的士气高扬的美国队。当时，美国队有世界最佳主攻手海曼，她身高 1 米 96，副攻的身高也在 1 米 85 以上。而中国队身高最高的郎平也只有 1 米 84，大部分球员身高都在 1 米 80 以下。在这样身高悬殊的比赛中，第一局中国队旗开得胜；第二局海曼组织强烈反攻，美国队以 15 : 13 拿下第二局；第三局海曼准备从只有 1 米 74 的主攻张蓉芳身上夺分，但张蓉芳拼死跳跃，以 20 多厘米的身高差拦下了这位赫赫有名的重炮手的进攻。这极大地鼓舞了中国队的士气，顺势拿下第三局；这是一场艰难的激战，美国队紧接着夺回了第四局；在第五局艰难的生死决战中，郎平的强攻发挥出了极大的作用，中国队以 15 : 6 拿下最终局。中国女排实现了前所未有的六连胜，战胜了当时综合国力和排球实力都十分强大的苏联队和美国队，这是多么伟大的胜利啊！这是承载了国家荣誉和全国人民强烈期盼的胜利！这是中国体育走向世界冠军、走向新的里程碑的伟大胜利！

最终的决赛是中国队对战日本队，这场比赛所承载的意义更加重大，这是中国队能否改写历史夺取冠军的重要比赛，是和曾经的侵略国正面对决的比赛。历史已成过往，但国耻如何能忘？在这场比赛中，中国观众的情绪激动到了顶点，因为这场比赛不仅仅是体育竞技，对他们而言更像是洗雪国耻。女排队员们也异常兴奋，因为她们即将穿上印着中国二字的球服登上前所未有的新高度。她们在日本的主场上为了国家荣誉和民族尊严而战，誓死拼搏，最终以 3∶2 战胜日本队，让中国的国歌响彻日本大阪体育馆上空，中国的国旗承载着无数中国人的梦想和希望在日本高高飘扬起来。

这场七战七捷的排球比赛，已经脱离排球运动本身而成为承载中国几亿人梦想与希望的比赛。这个来之不易的冠军头衔，代表着所有中国人的荣耀，这是中国女排在世界排坛开辟属于自己的时代的具有伟大转折意义的比赛，也是推动几亿中国人以全新的面貌、昂扬的斗志迈上改革开放新征程的比赛。

（二）铁杵磨针、滴水穿石的决心

在全民关注的重大比赛中勇敢夺冠，不是轻而易举可以做到的。这是中国女排在持续不断的高强度训练中一点一点提升技能、提高水平才获得的荣誉，这个过程是漫长且艰辛的。在赛场上，运动员顽强拼搏，挥洒汗水与热血；在台下，运动员经历的是训练场上千千万万次的摔打、高强度的接球训练等。中国女排为了弥补身高缺陷，采取特殊的训练方式，即平常训练的对手都是高大的男陪练，通过与男队员的训练提升面对高个子队员的拦防能力。通过接打不计其数的暴力扣球，不断提升防守技能。在中美之战中，张蓉芳之所以能以矮小的身材拦住海曼的攻击创造奇迹，那是千万次训练积累的经验和技能，让她身心同步成长，敢拦球也能拦住球。中国队最高的主攻手郎平，为了能让自己的扣杀能力不断增强，让中国队在赛场上夺得更多的分数，她不断加强力量训练，经过长年累月的积累，结束了中国主攻手不强的时代，"机关枪"终于变成了"重炮"，中国女排实力迅速提升。中国队之所以能打出五场3：0的比赛，除了强大的进攻得分能力，还有强大的毫无破绽的防守能力。这些都是在平时残酷的训练中磨炼培养出来的，而这些磨炼不仅增强了她们的技术水平，同时也强化了她们的精神力，使她们成为在赛场上无论对手多么强大都能应对自如的英勇战士。

（三）一场里程碑式的胜利

中国女排在1981年世界杯上的"夺冠"是一场里程碑式的胜利。在世界排坛寂寂无闻的中国女排凭借着5年的卧薪尝胆，击败了当时苏美两大女排强队，又在决赛中打败卫冕冠军日本队，第一次登上了世界冠军的舞台。这对于中国而言意义重大。因为中国的大球此前从来没有在任何一个国际赛事上拿过冠军，这是中国体育界最重要的奖牌之一。这场胜利证明，中国的三大球是可以翻身的，中国没有别人想象的那么弱小，中国正在踏上振兴之路。这场胜利使中国人民的民族荣誉感、使命感达到了顶峰，为正在改革开放起步阶段的中国人带来了极大的信心和希望，让他们相信中国一定行；这场胜利让中国人民的强国梦想在心中回响起来，让中国人鼓起了应对挑战、开拓未来的勇气。

这场胜利早已成为中国历史上一个闪耀的符号，它所带来的影响力和精神力，时至今日仍未褪色。女排精神是女排的骨血，也是初心，是中国女排历经几代传承之后保存下来的核心力量。至今中国人依然能从女排身上感受到催人奋进的强大精神力量。

中国女排第一次赢得世界杯冠军的消息传来，群众涌上天安门广场欢庆

二、北大学生喊出"团结起来、振兴中华"的口号

"团结起来、振兴中华"的口号最初被提出来是在 1981 年 3 月 20 日，这一天中国男排在香港伊丽莎白体育馆和南朝鲜队争夺参加世界杯男排比赛的亚洲参赛名额。开场连输两局的中国队被逼上绝路，中国男排背水一战，用顽强的意志和誓要冲击世界杯的决心，在经历了激烈的厮杀之后，终于以 3∶2 赢得比赛，拿下了第四届男排世界杯的入场券。围坐在黑白电视机前观看转播的北京大学学生为这来之不易的胜利振臂欢呼，高喊"团结起来、振兴中华"，这则消息在 1981 年 3 月 22 日被《人民日报》刊发报道。自此，"团结起来、振兴中华"的口号走进大众视野。时隔 8 个月，1981 年 11 月 16 日中国女排夺得世界杯冠军，神州大地同欢庆，使这个口号瞬间传遍了大江南北，成为时代的最强音。在女排夺

取"五连冠"的时期，北大学子又喊出了"学习中国女排顽强精神，投身改革实践"的口号，说明女排精神在激励青年砥砺奋进、勇于担当时代使命方面具有震撼性的作用。

2016 年中国女排经历了绝境逢生的艰难比赛，最终夺得里约奥运会冠军。在中国女排回国的迎接队伍中，有一支年轻的队伍意气风发、充满活力，他们的目光充满希望和勇气，他们拉出一条横幅，上面写着"团结起来、振兴中华"，这是北大学子为了庆祝中国女排的胜利和女排精神的永存不灭时隔 35 年带来的穿越时空的时代强音。

（一）最开始的觉醒者

北京大学，成立于 1898 年，初名为京师大学堂，1912 年更名为国立北京大学，成为中国第一所国立综合性大学，由著名的启蒙思想家严复担任校长。1917 年，著名革命家蔡元培担任北大校长，提出"循思想自由原则，取兼容并包之义"的办学方针，聘请陈独秀、李大钊、胡适、钱玄同等中国革命的重要人物到北京大学任教。在蔡元培的积极倡导下，北大学术研究，自由讨论之风极盛。同时组织社团、创办刊物，建立学术研究、文体活动和社会活动等各种社团。这些举措推动了新文化运动的蓬勃发展，使北京大学成为新文化运动的摇篮和基地，也为五四爱国运动做好了组织准备。

第一次世界大战期间，日本对中国的侵略日益严重，中国的主权遭受严重侵害，北洋政府软弱不抵抗，激起了中国人民的强烈不满，国民的反日情绪日益高涨。随后巴黎和会决定将德国在山东的特权转交日本。这一消息传到国内，使中国人民的反日情绪和对政府的不满达到了顶点。1919 年 5 月 4 日，北京大学等 13 所学校 3000 多名学生代表云集天安门，高呼"誓死力争，还我青岛""外争主权，内除国贼"等口号，爆发了"五四运动"。这场运动最初是从北京大学开始的，北京大学不仅是新文化运动的中心，也是五四运动的策源地，对五四运动的发生和发展起到关键作用。

2016年中国女排在里约奥运会上夺冠，北大学子再次亮出"团结起来、振兴中华"的口号，又一次震动了中国人的心灵，让所有人产生共鸣。随着中国女排的胜利，这个口号成为推动中国人奋勇拼搏，为实现中华民族伟大复兴而踔厉奋发的时代之魂。

（二）受鼓舞的亿万中国人

"团结起来、振兴中华"，虽然是因为排球比赛胜利人们激动万分、备受鼓舞之时喊出的口号，却反映了人民群众真实的心声，那就是希望国家强大、民族复兴！新中国成立之后面临的最大问题是如何发展，如何缩小与发达国家之间的差距。在全国人民迷茫之际，"团结起来、振兴中华"的口号冲击着中国人的灵魂，让他们感受到了强烈的使命感和责任感。新时代，这个口号升华为"以中国式现代化全面推进中华民族伟大复兴"。只有将全国14亿多人的力量团结起来，在每一个平凡的岗位上发光发热，无私奉献，才能凝聚强大的发展动力，全面建成社会主义现代化强国。

（三）排球精神是超越体育运动本身的一种升华

在中国经济落后的时代，体育成为代表国家形象的特殊标志，承担着彰显国家力量、民族精神的重要使命。从中国女排第一次冲击世界杯并夺取冠军开始，排球运动就已经超出了运动本身得到了一次完美的升华，那就是女排精神的形成。这个精神力量源于女排，又反作用于中国女排，让女排队员们在比赛过程中能受到强大的精神力量的支持，从而克服种种困难。女排精神不只在运动场上发挥作用，同时也影响着各行各业为国家的发展和民族的兴盛不断努力的中国人，让他们永远心怀祖国，在受挫时坚毅勇敢、不屈不挠；在强敌面前永不退缩、爱拼敢拼；在困境之中绝境重生、永不放弃；在奋斗时团结起来、携手并进。总之，女排精神是体育运动的一种凝练和升华。

三、20 世纪 80 年代人民群众以实际行动比拼学习女排

千里马常有，而伯乐不常有。从某种意义上来说，中国女排是千里马，而中国共产党是伯乐。中国共产党发掘了女排运动员身上的闪光精神，并弘扬这一宝贵精神，让各行各业都来学习女排精神。从北大学生高呼"团结起来、振兴中华"，到邓颖超呼吁"各行各业都来学习女排精神"，女排精神早已超越了体育本身，成为不懈奋斗、锐意进取、自强不息的精神旗帜，是各行各业实现中华民族伟大复兴目标的重要精神坐标。正是因为各行各业对女排精神的学习和国家对女排精神的弘扬的双向推动，女排精神才深深地扎根于广大人民群众建设社会主义的大潮之中。

（一）中国共产党发掘了女排精神

1981 年中国女排在世界杯上首次夺冠后，第一次提出学习女排精神的是中国共产党的卓越领导人邓颖超。

20 世纪 80 年代是改革开放的探索时期，中国女排的夺冠，极大地激励了民族自信心，增强了民族荣誉感。女排夺冠处于中国妇女不断觉醒的时代背景之下。女排运动员是新中国成立后奋发图强的广大妇女的典型代表，邓颖超作为从革命战争年代走出来的女性共产党员代表人

物，她了解中国女排能在世界排坛夺冠是多么的艰难，她们的付出远比世人看到的多，她深知女排运动员在夺冠过程中体现出来的精神力量多么值得弘扬，党的伟大事业多么需要这样的精神。所以，在女排夺冠的第二天，"时任全国妇联主席的邓颖超在《体育报》上发表了题为《各行各业都来学习女排精神》文章"①，自此女排精神正式走入大众视野，对女排精神的弘扬也从此拉开序幕。随着女排的不断成长和党对女排精神一以贯之的弘扬，女排精神从大众眼中走进了大众心中，直至深入骨髓。

（二）各行各业学习女排精神的动力和意义

弘扬女排精神，是为了以女排精神激励各行各业的中国人，把催人奋进的精神应用到实际工作中，践行女排精神。

学习女排立志高远的精神。"各行各业的干部群众，都要把自己的工作和学习，同祖国的荣誉与前途紧紧联系在一起"②，用女排精神推动现代化的发展。20 世纪 80 年代的中国无论是在经济水平还是在综合国力上都远低于世界发达国家，要成功首先要树立志向，只有志向坚定、目标明确，前进的道路才不会偏航。当时的时代最强音是"振兴中华"，振兴中华就需要各行各业的工作人员在自己的岗位上做出成绩。

学习女排脚踏实地、苦干实干的作风。一个人只有理想是不够的，还需要付诸行动。脚踏实地、苦干实干是把梦想变为现实必不可少的过程。中国女排在奔向成功的道路上一直发扬这种作风。各行各业的群众要发扬埋头苦干的精神，用刻苦钻研的匠心精神在自己的岗位上做出成绩。福建漳州基地最初只是一个竹棚搭建的训练场地，老一辈女排队员

---

① 刘亚茹：《中国精神：那些年我们一起追过的中国女排》，中信出版社 2019 年版，第 212 页。
② 《学习女排，振兴中华》，《人民日报》1981 年 11 月 17 日第 1 版。

在那里抒写了感人至深的"竹棚精神"。当时，全国上下没有一个可以称之为体育馆的训练基地，漳州竹棚是为女排专门建设的"基地"。为了不影响运动员的训练行程，国家体委相关负责人和工作人员夜以继日地赶工，福建当地群众也积极主动地参与到建设工作之中，他们无怨无悔，拼尽全力，以中国人团结、勤劳、奋勇、拼搏的优良品格，仅仅用23天的时间就建成了可以用于冬训的排球训练场地。竹棚的搭建者也在发扬这种埋头苦干的精神。

中国女排的夺冠激发了各行各业学习女排、振兴中华的热情，如北京商标一厂、无锡钟表厂等生产单位的职工定下了学习女排，保证完成和超额完成生产任务的目标。优秀的时代青年们也学习女排精神，树立振兴中华的伟大志向，以国家兴亡匹夫有责的使命感和责任感奋发图强，为中华民族伟大复兴注入了新鲜血液。每个人都与国家同呼吸、共命运，与中国共产党的事业荣辱与共，以"祖国至上、团结协作、顽强拼搏、永不言败"的女排精神，为党和国家的伟大事业添砖加瓦。各行各业学习女排既是对女排精神本身的肯定与宣扬，更是女排精神促进各行各业共同发展，为实现中华民族伟大复兴而发挥力量的重要过程，也是对中国共产党伟大精神的引领作用的认同。

（三）各行各业学习女排精神的成果和作用

各行各业的人员用女排精神鼓舞自己，并将这种精神转化为实际工作中奋勇拼搏、开拓创新的力量。全国掀起了一场场学习女排精神的比拼热潮，也为中国社会各方面的发展起到极大的推动作用。

1. 女排精神催生震撼人心的中国制造和中国发展

近代以来，随着民族工业的兴起，处于西方列强剥削、压迫之下的中国人的反帝情绪日益高涨，中国政府提倡支持国货，极大激发了国人发展民族工业的热情。而西方各国战乱不断，本国工业受阻，对日用品和粮食等的需求不断增强，在内需和外需的双重拉动下，中国近代民族工业发展加快。中国的制造业也随之成长起来，成为中国发展快、国际竞争力强的产业之一。中国制造的产品越来越多地被世界各国接受和使用，使"中国制造"的美名远播五湖四海。中国的制造业之所以能取得巨大的成就，与其在每个阶段的发展历程都有着不可分割的关联。它的发展在历史上分为三个阶段：20世纪80年代劳动力的兴起，中国工业以轻工业发展为主，科技和技术含量较低，生产规模小，劳动力是主要的生产要素；20世纪90年代生产设备的更新发展，先进的生产机器和规模化的生产是当时影响产业发展，降低成本的重要因素；2000年以后创新技能和信息化的发展，先进工业的高速发展和科技水平、核心领域的创新息息相关。

由上可知，20世纪80年代中国制造业的发展主要依靠人力资源，劳动者的能动性、积极性、创造性对产品数量和质量的提升起着决定性作用。集体荣誉感高涨，渴望进步、渴望成长的积极心理状态能使人产生强大的能动性和激情，会让人自觉地把工作做得更好。女排的胜利恰好成为催人奋进的号角。每个人都满怀激情、跃跃欲试，把个人的命运和国家的兴衰结合在一起。每个人都全身心地投入生产生活中，他们相信中国女排的成功证明了中国人是能行的，他们相信通过全国人民的不懈努力中国的发展和崛起指日可待。坚强勇敢、团结奋进的中国人一定能在中国共产党的英明领导下，披荆斩棘、乘风破浪，走出一条赶上世界强国的振兴之路。在这样的思想的指引下，在热火朝天的生产发展的推动之下，中国各行各业有了前所未有的发展。制造业的发展更是首屈一指，中国制造的产品如雨后春笋般成长起来，除了供应内需，有些优秀产品甚至走进了国际市场，并在国际市场上具有极大的竞争力。可以说，女排精神直接转化成了经济效益。

2. 女排精神唤起了从平凡岗位中"飞出"的劳模

女排精神在推动生产生活和促进团结方面产生巨大影响，同时也催生出其他行业内在的精神力量。比如，爱岗敬业、争创一流、艰苦奋斗、勇于创新、淡泊名利、甘于奉献的劳模精神从在平凡岗位上付出热血和青春的劳动者中孕育出来。赵春娥、焦红、邓稼先等是从不同行业涌现出的劳模代表。中国共产党善于培养和发掘优秀的人才及伟大的精神力量，造就了模范辈出的年代。20 世纪 80 年代国家对劳模的表彰总数和规模都达到了前所未有的程度。这些时代的脊梁，发展的中坚力量受到了极大的鼓舞，更加为党和国家的事业呕心沥血。全国人民致敬劳模，争当先进、比超劳模。总之，在女排精神的推动下，越来越多的人积极进取、奋勇拼搏，整个社会呈现出积极向上、热血奋斗的良好景象。

3. 民族团结一家亲、10 亿人民齐奋斗

一个国家的向心力和民族凝聚力，是决定一个国家能否傲立世界民族之林的重要精神资本。女排精神不仅通过增强各行各业工作人员的积极性和创造性促进经济的发展，同时也极大地增强了中华民族的凝聚力，让各族儿女团结起来，凝心聚力共同奋斗，为振兴中华发挥最大的集体力量。无论是细小工作的推进，还是规模宏大到整个国家的发展，团结的力量都不容忽视。随着改革开放的推进，各民族经济、文化之间的交流越来越频繁，既有独自的特点又有相互之间的兼容并蓄，团结一致共同为振兴中华而奋斗，践行时代担当。在各行各业比拼学习女排精神的时候，来自不同地域不同民族的奋斗者，或从大范围或从小范围把中国女排的团结精神运用到生产生活中。精诚协作、同心协力，在中国共产党的领导下携手同心，并肩起航，共助中华振兴。

四、嵌入中国人民的集体记忆并影响深远

每个时代都有代表其时代特点的标志性产物，有些产物随着时间的流逝已经消失在大众眼中，有些产物经历时间的洗礼更新换代，不断进化成为顺应时代发展、满足时代需求的产品。女排精神的弘扬让国家意志深入大众心中，并获得集体认同，成为广大人民群众共同奋斗实现中华民族伟大复兴的精神标杆。

经历了40余年、三个时代的传承，女排精神已经成为国人的集体记忆。

（一）永不磨灭的集体记忆——女排精神

集体记忆，不同于个人记忆，是指在某一个特定时期，一个集体或者一个社会共同享有和传承，或者共同构建的东西。[1] 它所涉及的内容十分丰富，可以是物质层面的也可以是精神层面的。女排精神是改革开放之后中国人民最重要的集体记忆之一。无论是中国女排"五连冠"的辉煌时期还是中国女排的衰落时期，又或者是逆风成长的经历，都是几代中华儿女的集体记忆。过去，这些集体记忆激励着中国人民团结起来，不断在社会主义现代化建设中奋勇拼搏；现在，这些集体记忆依然是广大人民群众凝心聚力开辟中国式现代化新道路的重要精神源泉；未来，这些集体记忆必将持续传承，为中华民族伟大复兴的精神宝库添砖加瓦。

---

① 伍静思：《媒体对集体记忆的建构——以〈人民日报〉（1981—2019）对中国女排的报道为例》，《视听》2020年第10期。

（二）女排精神这一集体记忆对时代发展的重要意义

在中国关于体育运动的集体记忆中，女排精神具有里程碑的意义，这和它产生的国际国内形势、民族精神状态、经济发展水平以及中国共产党对女排精神长久的培养等有着十分密切的联系。《人民日报》等党的主流媒体，通过对女排40多年发展历程的报道成功构建起这项体育运动在人们内心的集体记忆，让女排精神的内涵不断深入人心。

女排人一直不忘初心、牢记使命，时刻铭记来时的路。身居高处时，她们常思自警、自省；走下领奖台时，她们继续拼搏，从零开始；身处低谷时，她们自立自强，绝不气馁。中国女排在中国共产党初心使命的指引下，发扬和传承女排精神，把女排精神践行和融入每一次训练、每一场比赛之中，创造属于中国女排的荣耀之路。

第二节 《人民日报》关于中国女排的报道
（1981—2019）

《人民日报》是中国第一大报，是中国共产党中央委员会机关报，是最具权威性、最有影响力的综合性日报。社会公众"对事物的判断感知和反应，大多以看到、听到的媒介现实为依据"①。《人民日报》多次报道女排精神，起到了激发人民群众工作热情，凝聚社会力量的作用。同时也是广大人民群众对女排精神强烈认同的证明，还是不同时代女排精神重要历史地位的见证，更是女排精神与中华儿女血脉相连、荣辱与共的体现。

一、1981 年："学习女排，振兴中华"

1981 年 11 月 16 日，中国女排在世界杯夺冠。17 日，《人民日报》头版刊登了这则新闻，配上了女排队员站在领奖台上的照片，标题为《中国女排首次荣获世界冠军》。人民日报评论员还发表了题为《学习女

---

① 张国良：《新闻媒介与社会》，上海人民出版社 2001 年版，第 62—63 页。

排，振兴中华》的文章。18日，《人民日报》刊发了关于邓颖超号召各行各业都来学习女排精神的报道文章。

（一）要把女排精神运用到社会主义现代化进程中

《学习女排，振兴中华》一文中提道："用中国女排的这种精神去搞现代化建设，何愁现代化不能实现？"并且倡议好好向女排学习，她们在体育战线上为国争光，各行各业的人应该在自己的岗位上为祖国多做贡献。社会主义现代化，包含工业、农业、国防、科学技术的现代化。实现四个现代化，需要全国人民坚持不懈的共同努力。要学习女排精神，以女排精神指导工作，用女排精神推动工作，在平凡的岗位上发光发热。要学习女排"祖国至上"的爱国主义情怀，有国才有家，国民的爱国主义程度从某种意义上来说关乎国家命运。祖国的发展需要所有人共同奋斗，祖国的荣誉需要全国人民共同维护；要学习女排团结协作的集体精神。伟大的事业需要伟大的团体，每一次胜利都需要团体成员的共同奋斗，各行各业只有团结起来，齐心协力才能在集体中把个人的能量发挥到极致；要学习女排顽强拼搏的精神。比起天赋更重要的是努力，只有付出百分之百的努力，才有可能成功。中国经济基础薄弱，发展水平低，要付出比其他国家更多的努力，才有可能赶上他们的步伐；要学习女排永不言败的精神，任何事情都不可能一蹴而就，都需要坚持不懈的努力。各行各业的中国人要继续发扬坚韧不拔的精神，即使遇到挫折也要持之以恒，沿着自己的目标道路勇往直前。

（二）要把女排精神运用到强国事业中

第二次世界大战后，和平与发展成为时代主题，世界各国经济复苏，人们参加体育运动的热潮空前高涨。体育运动在某种程度上成为各国通过竞争和交流的方式展现综合国力的重要手段之一。中国体育事业也不甘落后、逐步复兴起来。尤其是参与人数最多、受欢迎程度最高的三大球项目，它们的水平是衡量一个国家发展状况的重要参数。女排夺冠是中国三大球翻身的重要标志，是中国体育不断进步的标志，也是中国开拓体育强国之路的标志。随着国际体育事业的发展，各大体育竞技赛事的项目不断增多。这一时期《人民日报》对中国女排进行大力报道，号召各类体育运动项目要学习女排精神，提升体育人的责任感、使命感，把运动员的职业生涯和国家荣誉紧密联系起来，用更高的水平、更好的成绩为祖国的体育事业添砖加瓦。在赛场上，尤其是国际赛场上要赛出风格，赛出水平，赛出中国人的精气神。夺冠固然重要，但更重要的是要用运动员在赛场上展现出来的精神力量感染和鼓舞更多的人，让中国人通过观看体育比赛，感受到强大的精神力，催生内心强大的力量，并把这种源自心灵深处的精神力量运用到工作和生活的方方面面，融入强国事业之中。

■ 阅读链接

《学习女排，振兴中华》
本报评论员

我们赢了！

中国女排夺得了世界杯！在庄严的中华人民共和国国歌声中，五星红旗高高升起。这是光荣的时刻，这是欢乐的时刻。无线电旁，多少听众高兴得跳了起来；荧光屏前，多少观众激动得流下了眼泪。中国女排的姑娘们，你们辛苦了！你们没有辜负祖国人民的期望。我们向你们祝贺，向你们致敬！

六十年代初，中国乒乓健儿登上了世界冠军的宝座。当时正处在三年困难时期，他们的胜利，曾经大大振奋了各条战线的干部和群众发愤图强的精神。八十年代初，我们在保持乒乓球队荣誉的同时，又开始向三大球（足球、篮球、排球）的冠军进军。中国女排打开了第一个突破口。她们的胜利向世界表明，中国运动员不仅可以在小球上取胜，而且有能力在大球上夺取世界冠军。她们的胜利捷报，也使正在进行现代化建设的全国人民得到极大的鼓舞。胜利来之不易。这是一分一分夺来的。球场如战场，没有数年如一日的艰苦训练，没有过硬的本领和钢铁般的意志，休想经得起如此严峻的考验。看看女排，想想自己，我们难道不应该好好向她们学习吗？中国女排在体育战线上为国争光，我们就不能在自己的岗位上为祖国多做贡献吗？用中国女排的这种精神去搞现代化建设，何愁现代化不能实现？振兴中华，不能空谈。对于这次比赛的胜利，我们不能只是高兴一阵，庆祝一番就完了，最重要的是学习中国女排的精神，并把这种精神落实到自己的工作中去。我们每一个人都应从自己做起，各行各业的干部群众，都要把自己的工作和学习，同祖国的荣誉与前途紧紧联系在一起。

群众的爱国热情是极可宝贵的，要细心地加以保护和发扬。我们特别要求各级领导干部要利用这次机会，进行一次爱国主义的教育，把群众的爱国热情引导到现代化建设中去。还要教育群众认识，女排为国争光，不仅仅是赢了几个球，她们的社会主义精神风貌，同样给中外观众留下了美好的印象。打球，输赢是常事，但是不能输风格。我们不能为了输赢而忘掉友谊。

对于极少数人在欢庆胜利时感情冲动，做出损坏公物、堵塞交通、对外宾无礼的事，一定要注意防止。我们的运动员为国争了光，而极少数人的这种不文明的举动却损害了国家的名誉，这和爱国主义毫无共同之处。

爱国热情正在高涨，形势十分喜人。中华健儿有信心、有志气在世界体坛上称雄，中华民族一定能振兴！同胞们，加油！

（《人民日报》1981 年 11 月 17 日第 1 版）

二、1982 年："中国女排荣获世界锦标赛冠军"

1982 年利马夺冠是中国女排第一次在世锦赛上夺冠，也是中国女排的第二个世界冠军。世界三大赛事的两个冠军，六场 3 : 0 完胜的传奇，充分证明了中国女排的实力，也让世界各国开始对中国的排球事业另眼相看。时隔一年，《人民日报》再次头版刊登了女排夺冠的新闻，体现了党和国家对中国女排的重视，也反映了女排在全国人民心中的重要地位。《人民日报》的报道，让女排精神得到了更广泛的宣传，再一次提升了国民对女排精神的认可度，扩大了女排精神的影响力。

（一）没有退路的世锦赛

可以说，世锦赛对于中国女排而言是一场没有退路的战争。既是因为比赛本身的激烈争夺，更是因为之前世界杯夺冠带来的强烈期望和极大压力。1982 年，第九届世界女子排球锦标赛在秘鲁举行。在参加世锦赛之前，中国女排内部进行了不小的人员变动，有好几个队员因为负伤，状态水平下滑。对于运动员来说，伤痛是致命的，它不仅会直接影响运动员的整体水平，甚至还可能断送运动员的职业生涯。而在激烈的运动比赛中，受伤有时候是无法避免的。因此，在世界竞技比赛场上很少能有常胜不败的运动员。此外，作为团体项目，除了个人的能力和水平外，团队之间的配合与磨合往往至关重要，而磨合需要团队成员周而复始地配合训练。所以说，对于排球这样的团体项目，人员更换变动过大在大赛中是十分不利的。

　　面对伤病和人员调整，以及老将水平下滑等不利因素，中国女排还是信心满满、志气高扬地踏上了世锦赛征程。在小组赛，第一场和第二场分别以 3 : 0 的成绩轻松赢了波多黎各队和意大利队，在第三场对战美国队时遇到了问题。当时的美国队是世界一流强队，还有当时处于巅峰时期的重炮手海曼这样的一流球星，自然是有实力夺取冠军的队伍。比赛开始，美国队很快进入节奏，她们以海曼的高点球不断强攻，打破中国队的防守，接下来再多点开花，打乱了中国队的节奏，中国队整场比赛都被对手"牵着鼻子"，以 6 : 15、9 : 15、11 : 15 的局比分惨败，世界杯冠军队居然一分未得，这是所有人都没有想到的。世锦赛是积分制，由于这场关键比赛一分未得，中国队期待的冠军变得遥不可及，如果美国队下一次比赛稍微"放水"，中国队甚至都无缘四强。全队面临着无比巨大的压力，中国女排要想进入四强，必须在接下来的复赛中一分不失，才可能峰回路转，而接下来的复赛面对的对手是古巴队、匈牙利队、苏联队和澳大利亚队。苏联、古巴都是老牌强队，要赢就已经很困难了，还要一分不丢，几乎是不可能完成的任务，但此时的中国队没有退路。

（二）绝处逢生的女排精神

　　冠军队既是一种荣耀，更是一种压力。尤其在全国掀起"学习女排，振兴中华"的热潮之后，全国观众都很关心中国女排的输赢。女排队员是国民心中的骄傲，也是国人的期待。全国人民都期待中国女排能再创辉煌，为国再次争光。当时女排运动员身上不只肩负着夺冠的使命，更肩负着全国人民的希望，她们代表顽强不屈的中国人，她们不能输也不敢输。无形之中，女排队员肩头的重任变成了她们的心理压力。因为太想赢，反而太紧张，以至于心态不稳，动作变形，该接的球没接住，该有的拦网也没有，不该犯的技术性错误也犯了。大比分输给美国队之后，女排队员们甚至当场痛哭，还有人因为巨大的心理压力几乎彻夜未眠，袁伟民教练用少有的幽默风趣和走调的歌声缓解紧张气氛，激励姑娘们渐渐放下心中的压力和肩头的包袱。女排运动员们用顽强的毅力和拼搏的决心克服了心中的压力，抛下所有的念头，不再让过去的成绩影响当前的比赛，一切从零开始。她们在赛场上全力拼搏，拼命救球，挥汗如雨，即使摔倒受伤也浑然不觉。她们的眼中只有球，心中只有比赛，不肯输掉任何一个球，将每一个球都当作决定胜负的关键一球来打。在全力拼搏之下，中国女排竟然打出了四场 3∶0 的比赛，总分力压古巴队，取得了晋升四强的资格，重回夺冠起跑线。在半决赛上，女排队员又凭着敢拼能拼的精神以 3∶0 完胜日本队；而美国队却在另一场半决赛中爆冷门输给了东道主秘鲁队。在对战秘鲁队的决赛中，中国队依然打出了 3∶0 的完胜比分，一举夺得冠军。这是一场惊天逆转，也是一场女排队员绝处逢生，创造 6 场完胜的奇迹之战。

（三）一场意义重大的比赛

1982 年袁伟民率领中国女排在秘鲁世锦赛上以六战连胜的成绩夺冠，创造利马传奇。其间，"我们是中国女排，我们不能输"的信念一直铭刻于中国女排全体队员心中。中国女排在秘鲁世锦赛中从失败的边缘走向成功，靠着顽强毅力和坚强意志实现了惊天逆转，创造了 6 场比赛一局不失的奇迹。这是一场意义重大的比赛，丰富了女排精神的内涵，那就是顽强拼搏、永不言败的精神。1981 年以前中国女排没有得到过冠军，她们不知道冠军是怎样的，摘得桂冠后濒临失败时，她们不知道该如何正确对待。世锦赛正是给中国女排的一次考验，她们通过了考验，完成了蜕变。女排精神不是夺冠，而是在明知可能不会夺冠的时候依然顽强拼搏、坚持不懈、创造奇迹。永不言败成为女排精神的重要内涵之一，让中国女排队员更加成熟，为之后的奥运会和女排发展历程中两次低谷重生提供了重要的基础，留下了宝贵的精神财富。从艰难困苦中走来的中国人需要一场场胜利来赢回信心和希望。这场比赛不仅磨炼了女排队员，也激励了全国人民，让他们看到了失败以后依然能够逆风翻盘，绝处逢生的精神。

在夺得 1981 年世界杯冠军之后，中国女排的下一个目标就是世锦赛冠军。世锦赛是世界排球三大赛事之一，中国女排从 1956 年参加世锦赛开始，从未进过前三名，直到 1982 年才如愿夺冠。世锦赛冠军之路比世界杯冠军要艰难得多，然而在各种艰难困苦之下，中国女排既没有因为冠军头衔的压力影响发挥，也没有因为对手的强大而退缩。她们把不怕输、想赢能赢的精神在赛场上发挥得淋漓尽致，直至夺冠，又一次鼓舞了全国人民。《人民日报》在头版头条报道了女排世锦赛夺冠的新闻。

■ 阅读链接

《中国女排荣获世界锦标赛冠军》

据新华社利马 9 月 25 日电　中国女子排球队今天在这里以 3∶0 战胜秘鲁队，夺得第九届世界女子排球锦标赛冠军，并取得了参加 1984 年奥运会排球比赛的当然资格。这是中国女排继去年夺得世界杯女子排球赛冠军以来又一次获得世界冠军称号。秘鲁队获得亚军。美国队以 3∶1 胜日本队，获得第三名。日本队名列第四。

比赛结束后举行了发奖仪式。国际排球联合会主席利博向荣获冠军的中国队发了奖杯。秘鲁教育部长何塞·贝纳维德斯向获得亚军的秘鲁队发了奖杯，本届锦标赛组织委员会主席、秘鲁排球协会主席瓦尔特·因达科切亚向获得第三名的美国队发了奖杯。

接着，中国驻秘鲁大使徐晃、贝纳维德斯、美国驻秘鲁大使弗兰克·奥蒂兹和利博分别向获得前三名的中国、秘鲁和美国运动员授予金质、银质和铜质奖章。秘鲁姑娘向这三个队的每个队员献了一束玫瑰花。

发奖仪式结束前举行了升旗仪式。在雄壮的中国国歌声中，五星红旗徐徐升起。

获得本届锦标赛第 5 至第 23 名的队是：古巴、苏联、南朝鲜、巴西、保加利亚、匈牙利、加拿大、澳大利亚、墨西哥、西德、意大利、荷兰、波多黎各、阿根廷、巴拉圭、西班牙、印度尼西亚、智利和尼日利亚。

（《人民日报》1982 年 9 月 27 日第 1 版）

三、1986 年："中国女排连续第五次夺冠"

"中国女排热"和女排精神的社会影响力，除了女排精神自身的感染力之外，也与传媒对女排形象的塑造和宣传有着不可分割的联系。其中《人民日报》的舆论导向尤为重要，这也是党培养和弘扬女排精神的重要路径。中国女排于 1981 年夺得世界杯冠军，1982 年夺得秘鲁世锦赛冠军，1984 年夺得洛杉矶奥运会冠军，1985 年再夺世界杯冠军，1986 年夺得捷克斯洛伐克世锦赛冠军，成为世界排球史上第一个夺得"五连冠"的队伍。1986 年，《人民日报》头版报道中国女排"五连冠"的事迹。那个时代没有网络媒体，以纸媒为主，报纸是群众知晓新闻、政策，开阔视野，增进交流的一个重要平台，也是党弘扬精神力量，宣传正确价值导向，提升人民凝聚力、向心力的重要途径。《人民日报》对女排"五连冠"的报道足以体现党对女排精神的重视，也体现了国民对女排的关注度和对女排精神的认可。"五连冠"这样一个前所未有的辉煌成绩，让国人的自信心和爱国情怀空前高涨，女排精神对社会主义现代化建设的影响也空前强烈起来。

（一）第一个"五连冠"的艰辛历程

中国女排夺取"五连冠"的过程，是女排运动员将女排精神谱写到极致、震惊世界排坛的过程。中国女排夺取"五连冠"的过程充满了血泪和汗水，其中的艰难险阻不是几句话就可以概括的。1984—1986 年，在中国女排续写"两连冠"成就，开创"五连冠"奇迹的过程中，有几场比赛最能代表女排精神，其中洛杉矶奥运会上的中美之战便是典型。中国队和美国队都是排球强队，分别拥有世界最强的三大主攻之一。两队之间渊源极深，在中国女排夺取"五连冠"的历程中有很多次与美国队的精彩对决。中国队在 1982 年秘鲁世锦赛小组赛中以 0∶3 惨败美国队，被逼得差点进不了四强。中国队复赛全胜之后，本来以为在决赛要再次一战，结果美国队爆冷门惨败秘鲁队，中国队终获赢局。

1984 年洛杉矶奥运会夺冠是中国女排的另一场精彩之旅。奥运会是人类运动史上规模最大、含金量最高的比赛，如果能在奥运会夺冠，中国女排就能完成夺取国际三大赛事冠军的目标。这是每一个运动员和运动团队的无上荣耀和最高追求，也是全国人民无比期盼的。运动场上从来没有全胜将军，夺得一次冠军很难，而要连续守住冠军的头衔更是难上加难，因此中国女排参加奥运会的压力是前所未有的。为了在奥运赛场上升国旗、奏国歌，她们注定要付出极大的努力，要经历极大的困难。在小组赛上，中国队先以 3：0 分别战胜巴西队和联邦德国队，接下来又在小组赛遇上了最大的竞争对手美国队。夺得"两连冠"的中国队，可以说士气正盛。然而在比赛中，中国队还是被美国队压制着，打乱了节奏，在小组赛以 1：3 再次输给美国队。小组赛的失利使女排队员的心理压力倍增。

半决赛是中国队对战日本队，美国队对战秘鲁队。美国队在半决赛上避开日本队，让她们觉得十分庆幸。日本队在上一年的亚锦赛打败中国队，极大地增强了她们的信心，她们相信在这次奥运会上能再胜中国队，重回世界之巅。中国队在小组赛中败给美国队，显得气势低迷，然而女排精神的强大能量是不可估量的，在正式对战日本队时，中国女排一改之前的低迷状态，一开场就带动了比赛节奏，以披荆斩棘之势，打得日本队溃不成军，最终以 3：0 击碎了日本队的冠军梦。

1984 年 8 月 8 日的奥运会决赛成为中美的世纪之战，中国队在半决赛淘汰日本队，让美国队认为冠军胜券在握，她们并不认为中国队能在决赛胜出。而对中国队来说，这既是一场夺取奥运会冠军的关键比赛，又是一场中美之间的"复仇"之战。如果不是美国队在秘鲁世锦赛半决赛上爆冷，这场中美的宿命对决应该提前一年。这是美国队最接近金牌的一次，所以她们拼尽全力、毫无保留；这是中国队第一次冲击奥运冠军，中国队对这块冠军奖牌志在必得。在这场势均力敌的比赛中，中美两队一开场就打得气势如虹，都将技术水平发挥到了极致，每一球都拼尽全力，每一分都极其艰难，两队比分胶着，比赛打得异常精彩。在两队将比分拉至 14:14 时，中国队教练起用奇兵侯玉珠，她发球如神，第一球发球得分，第二球美国队被迫冲网，郎平随即一个"探头"得分，惊险地结束了第一局的比赛。首局旗开得胜，极大地鼓舞了中国女排，整体气势瞬间上来了，所有人都发挥了最高水平，整体拦网水平更是上升了一个层次，美国队的进攻几乎被摧毁，同时受到冲击的还有美国队员的心态。在第二局中国队最终以 15:3 的大比分取得胜利。在第三局比赛中，中国队依然稳住心态，在激烈的对决中每个人都全力以赴，发挥到极致，连海曼的高点扣球都能被后场李延军拼死救回。整场比赛打得荡气回肠，中国队最终以 3:0 夺取了第一枚奥运金牌。

这些比赛既是"五连冠"历程中的高光时刻，也体现了夺冠的艰辛。

（二）女排"五连冠"的重大意义

中国是当时世界上第一个夺得排球比赛"五连冠"的国家。从一支在亚洲赛区都默默无闻的球队，到获得世界第一个"五连冠"，中国女排的成长和成绩令世人震惊，也让国人无比骄傲和自豪。在"五连冠"的坎坷历程中，女排精神逐渐显现，并通过女排运动员一次次的拼搏、一场场的胜利，日益丰富起来，直至成为一个独立完整的精神体系。女排"五连冠"是女排精神形成的基石，也为女排精神的完善及成长提供了养分。20 世纪 80 年代是一个崇尚和呼吁英雄的年代，全国上下都有一种英雄情结，"五连冠"的辉煌成绩让女排精神成为这种情结的"代言"，使国人相信中国不但能夺冠，而且还能创造西方各国都无法做到的"五连冠"，这极大地鼓舞了为社会主义现代化建设事业奋斗的中国人——中国女排能做到的事，其他行业也一定能做到。中国衰落的历史已成为过去，即便彼时的中国经济基础依然薄弱，但中国人有信心也有决心在女排精神的鼓舞下努力赶上和超越世界强国。

■ 阅读链接

《第十届世界女排锦标赛决赛分晓　中国女排连续第五次夺冠》

本报最后消息　9月14日凌晨，北京时间3时51分，在捷克斯洛伐克首都布拉格举行的第十届世界女子排球锦标赛冠亚军决赛结束。中国女子排球队奋战四局，以3∶1战胜了号称"加勒比旋风"的古巴女排，连续第五次夺得世界冠军。四局的比分是：15∶6，15∶7，10∶15，15∶9。

（《人民日报》1986年9月14日第1版）

四、2005年："郎平'铁榔头'本色不改"

郎平是中国排坛当之无愧的第一人，这不仅仅是指她作为运动员的技术水平和取得的成绩，也指她作为排球教练所取得的成就，更指她身上流淌的女排精神和她本身传递出来的女排力量。"铁榔头"是郎平作为中国女排国家队主攻时观众给她的爱称（2005年《人民日报》以此称呼报道郎平）。

（一）"铁榔头"郎平的成长

出生于天津的郎平小时候的志向是当一名医生，后来受她"体育迷"父亲的影响，耳濡目染，渐渐喜欢上了排球。凭借身高优势，她在机缘巧合之下被招入体校，开始专心训练排球。18岁的时候被正式选入国家集训队，就是在这个时候郎平给自己立下了宏伟的志愿："只要站在球场上就要为中国队获得一场胜利，要为中国夺取世界冠军。"

　　伟大的目标是指引前行的灯塔，是催人奋进的号角。树立远大的理想之后，郎平更加努力，夜以继日地训练。在漳州竹棚流血流泪也要坚决完成训练任务，有时她还主动加练，有几次因为超强度的训练累到站不起来被舍友背回宿舍。郎平身上体现的顽强意志和敢于吃苦、敢于奋斗的特质正是女排精神的彰显。郎平在国家队迎来的第一场比赛是1978年在泰国曼谷举行的亚运会。为了对抗欧美的主攻重炮手，时任教练袁伟民在比赛之前临时换下杨希，让郎平作为主攻上场。中国队虽然只得了亚军，但郎平的表现却是可圈可点。经过正式比赛的锻炼，郎平的排球水平得到了突飞猛进的成长。1981年，她作为主力队员随队参加第三届女排世界杯，随即开启了女排的"五连冠"之路。郎平随之成为与海曼、小路易斯齐名的世界三大主攻手，各种荣誉纷至沓来。作为世界三大赛事的三连冠成员，郎平的运动员生涯也达到了辉煌的顶峰。当时以郎平为代表的中国女排被视为民族英雄，似乎打球已经脱离个体成为关乎国家的大事。[①] 在这样的荣誉与使命之下，中国女排几乎成了国家荣誉的代言符号。她们更加超负荷地训练，持续夺冠，创造了"五连冠"的辉煌，当然随之而来的还有伤病。1986年世锦赛是中国"五连冠"的第五个冠军，郎平因伤并没有以运动员的身份参加，而是作为张蓉芳的助理教练参加了这场夺冠赛，当时她和张蓉芳是服从组织安排临阵救急。之后不久，郎平因为身体有多处伤病，尤其是双腿受伤严重，无法再参加比赛，所以选择退役治疗和出国留学。

---

　　① 高木子：《从完美到真实的蜕变——中国女排媒介形象探析》，复旦大学，硕士学位论文，2013年。

（二）"铁榔头"到"郎教练"

出国留学之后，郎平开启了属于她的排球第二生涯。在国外留学期间，迫于生活压力她辗转多个俱乐部担任排球教练。这段经历让她从一名运动员逐渐走上了一条成熟的教练之路。在各国俱乐部的执教经历极大地开阔了郎平的视野，丰富了她的阅历，同时也让她在各国排球文化冲击之下更好地掌握了新的科学化的训练方式。中国女排在夺得"五连冠"之后，进入了一个衰退期，之后几年的成绩逐渐下滑。1995 年中国女排的成绩降到了最低谷，在祖国需要她的时候，郎平放弃国外的高薪职位毅然回国，扛起了女排教练的重担。在国人心中"铁榔头"就是一个神话，似乎只要有她带领，中国女排就能重回荣耀之巅。国人强烈的期望成了她的责任和重担，为了不负众望，郎平拼死而战。作为教练，既要考虑技术又要考虑战术，还要考虑每个人的特点和赛场上最佳的组合方式，总之，是难以想象的操劳。当时郎平的身体状态并不好，加上劳累过度，曾在备战亚特兰大奥运会期间昏厥两次，被送入医院救治。承载女排精神的郎平以"铁榔头"般锐不可当的气势带着当时实力并不强劲的女排队员拼死夺回了亚特兰大奥运会亚军。作为球员，她为中国的排球事业顽强拼搏，全身心地付出；作为教练，她依然无私无畏，舍小家顾大家。之后，郎平又拖着被病痛折磨的身体强撑了两年，在艰难曲折中夺得了亚运会冠军和世锦赛亚军，之后再次因病身退。

2005 年对于郎平来说是一次转折点，美国排协邀请郎平担任美国队女排教练，被曾经数次交手的强大对手认可并盛情邀请，这不得不说是对郎平专业能力的肯定，也是对中国人排球水平的肯定，更是一次巨大的挑战。当时中国人去国外任教的现象还比较少，尤其像郎平这样代表中国女排精神的国民英雄，更是鲜见。郎平选择执教美国队，引起了不小的震动，各种舆论信息满天飞，其中也少不了谩骂声。毕竟郎平高超的执教技术是世界公认的，国际排联技术和教练委员会主席乔瓦尼·古德蒂曾这样称赞郎平，"如果让我选择，中国队是我最不愿意碰到的对手。她们拥有世界上最好的主教练"①。

（三）"铁榔头"媒介形象对女排精神的影响

2005年《人民日报》发表了一篇题为《郎平"铁榔头"本色不改》的报道，在文章最后用郎平本人的话作总结，说无论郎平在哪个队伍执教，不管走到哪里，她永远都是中国人。郎平也做到了她所说的，后来郎平执教美国队的条件被曝光出来："永不改国籍！"奥林匹克运动的宗旨是通过团结、友谊、公平的竞技运动为更和平、更美好的世界作出贡献。在中国，早就有出名的乒乓球外交，如今很多国家的乒乓球教练都是中国人，有些外国队的参赛队员也是中国人。这些都是体育运动发展规律的必然。

女排精神走出国门，国外体育的优秀品质也被我们所吸纳。郎平接手美国国家队的时候美国女排正处于衰落时期，当时的美国队员竞技状态差，球员也是杂牌军，有时候还不服从训练，队伍并不好带。而郎平凭借多年的排球经验和对排球运动的独到理解，以及对女排精神的扎实诠释，最终带领着这支青黄不接、战术水平差的二流队伍冲出重围。从2006年获得世锦赛第九名，到2007年获得世界杯第三名，再到2008年获得奥运会的亚军，当郎平离开的时候美国队的老将已经在她手中被调整到最佳状态。2008年之后由于郎平自身对中国女排的情怀让她做出了离开美国队的选择。郎平在意大利队、美国队执教的经历是她重要的财富，也使她对排球的认知更加全面、更加完善。辗转多国从事教练的经

---

① 马寅：《荆棘与荣耀：新时代女排奋斗记》，中国青年出版社2020年版，第301页。

验，让她目睹和了解了不同国家排球的特点。在各国体育文化的冲击下，她已经完美蜕变为一名优异的具有国际视野的排球教练，这是郎平之幸也是中国女排之幸。

无论走到哪里，"铁榔头"都本色不改。无论去何处奋斗，郎平永远是那个全身心热爱排球、为中国女排的胜利而"一锤定音"的"铁榔头"；无论去哪个国家任教，郎平对中国女排的热爱从未改变，即使身处异国他乡也依旧时刻关注着中国女排的成长；无论身处何种职务，女排精神都已经融入郎平的血液和灵魂中，只要站在赛场上她就会拼尽全力，只要国家需要她就会义无反顾。"铁榔头"的本色是奋勇拼搏、勇攀高峰，也是不屈不挠、永不言败，更是时刻铭记"祖国至上"。

■ **阅读链接**

《郎平"铁榔头"本色不改》

本报记者　李长云

上世纪80年代，中国女排的"五连冠"造就了国人深厚的女排情结，从那时起，郎平这个名字就始终吸引着诸多媒体的关注。上周一，郎平参加完世界女排大冠军杯赛后回到北京休养，抵达首都机场时，不慎把装有绿卡、通讯录的行李丢失在了机场。这个情节很快被国内一些媒体报道出来，希望能有好心人把行李内的证件归还，能够让郎平如期返回美国陪心爱的女儿过圣诞节。这，足以证明郎平人气之高。

由于采访排球多年，记者对郎平有比较深入的了解：郎平不仅是个事业心很强的人，也是个自尊心很强和很重感情的人。

当年，郎平执教中国女排，为了重振中国女排可谓兢兢业业。为此，她个人失去了太多太多。她在很短的时间内把已经跌入低谷的中国女排带到世界锦标赛第二名，已经是个奇迹了。但她依然非常歉疚，总希望能带领中国女排登上世界冠军的领奖台。最终，当她恋恋不舍地离开中国女排时，面对体育馆内几万名观众，她抑制不住内心的复杂情感，泪水夺眶而出。

尽管郎平说她执教美国女排只是为了更好地照顾在美国生活的女儿，美国排协没有给她任何的硬性指标；尽管郎平多次表示，以目前美国女排的现状，不可能对中国女排构成威胁——但依照郎平的性格，她无论是当运动员、还是教练员，要干都应当是最好的。

9月，美国女排在中北美锦标赛上战胜古巴队赢得冠军，不少人都将此归结为古巴女排的大意。然而，在刚刚结束的世界女排大冠军杯赛上，美国女排接连战胜几个月前刚刚大比分击败自己的中国女排和波兰女排，一时令人对这支队伍刮目相看。

美国女排近期的好成绩，一方面因为美国女排依然具有相当强的实力，更重要的是，作为主教练，郎平很善于观察和总结自己球队和对手的特点，并能很快找到有效的应对办法。战胜中国队后，美国队12号队员在赛后的新闻发布会上说，郎指导不仅平时训练抠得很细，而且善于发现队员的长处，并能很好地把大家的长处最大限度地发挥出来，所以大家都很信服她。

郎平参加大冠军杯赛前刚刚做了一个颈椎手术，医生再三规劝她不要去日本参赛，但郎平坚持随美国队去了日本，这种忘我工作的精神正是郎平的性格使然。

美国女排战胜中国女排后，有记者问郎平，在您的调教下，美国队已经成为中国队 2008 年奥运会卫冕的威胁。如果在北京奥运会上，中国队输给美国队，作为中国人，您将如何解开这个情感上的结？

郎平说："我是作为一名职业教练接受这份工作的，无论是带中国队，带意大利队，还是带美国队，都是尽心尽责的。无论走到哪里，我时时刻刻记得，我是一名中国人。"

（《人民日报》2005 年 11 月 29 日第 12 版 ）

五、2009 年："郎平 从'东南飞'到'凤还巢'"

在新中国成立 60 周年之际，《人民日报》在"体育·激情跨越六十年"栏目中，选取郎平作为新中国体育的代表人物进行报道。这是对郎平本人的充分肯定，同时也体现出女排精神在中国依然具有影响力。郎平作为女排精神的代表人物，见证了中国体育 60 年的发展，她的经历也映射出中国社会 60 年的开拓创新历程和中国人 60 年思想观念的转变。

（一）郎平"东南飞"和"凤还巢"

高强度高负荷的训练加上缺乏专业的医疗技术和科学的训练体系，老一辈运动员很多都会出现运动损伤，从而缩短运动员的运动寿命。郎平亦不例外，因伤痛远走他乡——"东南飞"。郎平曾辗转于意大利各个俱乐部担任排球教练，获得了很多奖项。后来又执教美国国家队，创造了美国队那几年的历史最好成绩。辗转多国球队的际遇，既让她吸收了国外新的体育文化，也为她后来形成新的体育理念、运用现代化的训练方式奠定了基础。

如果说郎平结束运动员生涯选择"东南飞"是为了健康，那么她后

期选择"凤还巢"则是因为强烈的爱国主义情怀，是国家需要时匹夫有
责的使命感，是女排精神指引她回国。郎平回国执教分为两个时期。第
一个时期是在 1995—1998 年。当时的郎平不顾身体伤痛，离开幼女白
浪，在中国女排最低迷的时期返回国内任教。经过三年努力，带领中国
女排夺得了两次世界大赛的亚军，之后因为身体不堪重负只能交出帅
印。郎平第二次回国任教是从 2009 年开始的，那时候她刚离开美国国
家队不久，受到广州恒大女排的邀约返回国内。在广州恒大，她切身感
受到了中国排球顺应世界新理念的发展态势，让她再次感受到了中国排
球事业的希望。在此期间，她带领恒大女排夺得了甲 B、甲 A 以及亚俱
杯冠军，可谓成绩显赫。

　　2013 年，在中国女排成绩降到低谷，奥运周期主帅难产之时，50 多
岁的郎平临危受命，再次挑起了国家队女排教练的重担。作为运动员和
教练，郎平的职业生涯可谓是满载荣誉、毫无遗憾，完全不需要再担任
国家队的教练继续证明能力。家人的支持和强烈的爱国主义情怀让郎平
再次回到了国家队女排主教练的位置上，她用自己对排球运动专业的认
知和对女排精神透彻的领悟将处于低谷的中国女排重新带回了世界冠军
的位置。在她执教期间，中国女排在两个奥运周期重新夺得了三次世界
冠军。2021 年东京奥运会是郎平执教生涯的最后一年，也是最遗憾的一
届奥运会。卫冕冠军中国女排在小组赛未能出线，这样的结果令人意外
也令郎平惋惜。然而中国女排在东京奥运会上表现出来的团结协作、奋
勇拼搏，即使受伤失败也不屈不挠的精神令无数球迷感动。"不因盛名而
来，不因诋毁而去"，中国人对女排的热爱绝不仅仅是因为冠军的头衔，
更多的是对女排精神全身心的认同和热爱。一次失败也绝不能否定郎平
对中国女排发展所起的作用。她在任教期间通过更科学更完善的训练体
系，培养出了许多优秀的年轻球员，使这个时期中国女排得到了飞速发

展，也让女排精神浸透到每一个年轻运动员的血液里，得以持续传承。

（二）郎平和女排精神

郎平对中国女排事业发展的影响是多方面的。

首先，郎平专业的技术和丰富的任教经验为中国女排整体水平的提升奠定了重要的基础。"一支队伍的精神是建立在实力的基础上"①，没有专业实力，精神就成了无本之木和无源之水。郎平十分重视中国女排专业技术水平的提升，她善于从细节抓起，擅长用科学的训练方式制定符合运动员自身特点的训练方式。同时，她还十分注重专业体能的训练。"奥运会大名单"是她的一大教学特点，不同于以前只针对几个主力队员的专门训练，她的奥运会大名单人数更多。通过多人员的训练既能促进球员之间互相学习成长，也能为女排培养后备力量。而且奥运会正式名单中的成员也不分主力和替补，而是分首发和非首发，这样的阵容能有更多的组合，能应对更多特点不一样的球队。实践证明，郎平的训练方式是先进的，也是顺应排球运动发展方向的。

其次，郎平注重对女排后备力量的培养。运动员的发展是一个长期的持续性的过程，而他们的职业生涯却很短暂，怎样调和这种矛盾，让中国的排球得到更长远的发展，是郎平一直关心的问题。她在任教期间非常注重培养后备力量，"奥运大名单"的制度安排十分有助于女排后备力量的培养，为她们创造了参赛机会，也为中国排球事业的长期发展打下基础。

最后，郎平是最能体现女排精神的人物之一，她既是促使女排精神形成的见证者和参与者，也是传承和发扬女排精神的传承人，更是中国

---

① 慈鑫：《被神化了三十年的女排精神》，《中国青年报》2011年11月19日第4版。

女排精神的代言人。她在担任运动员时，和队友们用强烈的爱国主义情怀和不屈不挠的奋斗精神，把青春、热血全部献给了排球比赛；在担任教练时，用两次国家队的执教生涯传承了女排精神，让新一代的女排队员们在行动上和思想上认同女排精神、学习女排精神，并将女排精神运用到赛场上；郎平还是女排精神的宣传员，她在走出国门后，把女排精神展现在世界面前。郎平的名字不只代表优秀运动员和最佳教练，她还代表女排精神，代表中国的体育精神。

■ 阅读链接

《郎平　从"东南飞"到"凤还巢"》

本报记者　许立群

郎平回来了，在新中国即将迎来60华诞的前夕。

8月12日，郎平闪电般地签约广东恒大女排，成为国内首家排球职业俱乐部的主教练。

从中国女排的"铁榔头"到享誉世界体坛的"名教头"，从中国到美国、意大利、土耳其，20多年来，郎平的每一次抉择、每一个足迹都牵动着国人的心。

巅峰时退役不堪精神重压

1985年末，25岁的郎平在帮助中国队获得第四个世界冠军后宣布退役。郎平在巅峰状态时离开，既因多年训练累积的满身伤病，也因难以承受的精神重压。

上世纪80年代，"五连冠"的中国女排不仅是中国体育的一面旗帜，也是整个民族锐意进取、昂首前进的精神动力。

在英雄的中国女排，作为主攻手的郎平更是受到球迷的厚爱。不过，在享受无上荣耀的同时，郎平和队友们也在承受着常人难以想象的精神压力。

回首那段沉甸甸的日子，如今的郎平有了不一样的感悟。"当时的国人对胜利的极度渴望超出了对体育规律的理性认知。然而，那种强烈而质朴的求胜欲却又无可厚非。"

的确，改革开放初期的中国百业待兴，人们需要最早登上世界最高领奖台的中国女排能够以接连不断的胜利提振民族信心、展示中国力量，这也是中国体育理应承担的历史责任。

就在郎平退役的那一年，"支持留学、鼓励回国、来去自由"的政策催生了留学热潮，众多有志青年带着开阔眼界、学习新知、报效祖国的理想迈出国门。

1987年，郎平怀揣着150美元赴美国新墨西哥大学学习，成为浩荡的留学大军中最早的体育精英。

执教美国队获得理解尊重

老一代的女排队员，很多人在退役后走上了各级行政部门的领导岗位，而郎平始终以排球作为毕生的事业和追求。她是入选"排球名人堂"的第一个亚洲人、国际排联命名的"最佳教练员"，也是国家队主教练中唯一的女性。

在郎平显赫的排球生涯中，执教美国女排是她最艰难的一次抉择。

早在2000年，美国排协就邀请郎平出任美国女排主教练。那时的郎平刚刚结束中国女排主教练的工作不久，考虑到国家利益和国人情感，她婉言谢绝了。

雅典奥运会后，美国排协再次发出邀请，郎平心动了，与女儿团聚是一个重要的考量。但她非常在意国人的态度，在作出决定之前，她犹豫了很久，广泛向国内的亲朋好友征求意见。

2005年2月，郎平出任美国女排主教练。对此，国内媒体大都表现出平和的心态。不少评论认为，美国是排球运动的强国，聘请中国人出任主教练，是对中国排球的认可。

北京奥运会上，郎平和美国女排受到了国人的热烈欢迎。即便美国队在小组赛中战胜了中国队，现场观众依然毫不吝啬地送出了掌声，那种至真至诚的场景令郎平感动不已。

或许，郎平还应感谢那些活跃在中国代表团的外籍教练们：法国的鲍埃尔、加拿大的马克、韩国的金昶伯、日本的井村雅代、立陶宛的尤纳斯……正是在与国际体育密切交流、深入融合的过程中，国人拥有了日益成熟的体育观和开放包容的心态。

或许，郎平更应感谢飞速前进的时代。当金牌不再是体育的唯一追求，体育才能回归其轻松、快乐的游戏本色。

第三次回归风景这边独好

签约恒大女排，是郎平的第三次回归。

1990年初夏，正在意大利俱乐部队打球的郎平接受中国女排的召唤，重披国家队战袍备战年底的世锦赛。1995年，郎平被第二次"召回"，这一次她是以主教练的身份重返国家队。

11年后的今天，伴随着与当年的出国热同样壮观的归国潮，49岁的郎平第三次归来。这一次，她的回归毫无征兆，却又尽在情理之中。席卷全球的国际金融危机并没有阻挡中国经济快速前行的脚步，包括体育在内的各项事业继续蓬勃发展。

北京奥运会的成功举办、体育功能的多元化开掘，大大加快了中国体育的社会化进程。越来越多社会力量的投入，拓宽了中国体育的发展路径，也为优秀人才提供了更多的施展平台。

寻求事业新的支点是郎平归国的重要前提，而恒大女排以顺应世界排球发展潮流的全新经营理念，再一次点燃了郎平的创业激情。郎平的这一次回归将为夯实中国排球基础，探索排球职业化新路进行有益的尝试。

毋庸讳言，优厚的待遇也是吸引郎平归来的一个重要因素。从网络上流传的 300 多平方米观景大宅图片以及传闻中的 500 万年薪推测，郎平已成为国内身价最高的教练员。对此，无论排球界人士还是众多网友都认为，以郎平的能力、影响力和号召力"她完全配得上这个高薪"。人们欣喜地看到，在市场经济条件下，以往被漠视的个人价值正得到充分的展现和承认，国家和个人利益的兼顾也成为了现实。

在近日揭晓的"光耀 60 年——中国体育最具影响力人物"评选中，郎平众望所归，金榜题名。

郎平是一个符号，她奋发向上、顽强拼搏、与时俱进、不断创新的精神正是中国体育长盛不衰的生动注解；郎平也是一面镜子，她堪称传奇的人生经历，从多个维度折射出中国社会的进步和人们观念的改变。

（《人民日报》2009 年 9 月 14 日第 15 版）

六、2019 年："为中华崛起而拼搏"

里约奥运会周期结束之后，世界女子排球进入了东京奥运会周期。

备战期间中国女排取得了"世界女排大冠军杯"冠军、亚运会冠军和世锦赛第三名等成绩。2019 年斩获世界杯冠军后,《人民日报》再次报道了女排精神。女排精神在中国有如此特殊的地位,是因为女排精神本身的内涵既和共产党的精神契合,又和时代发展需要的核心精神相契合。改革开放以来,女排精神在新中国发展的各个历史阶段都发挥了特殊的作用。

(一)女排精神再一次成为时代最强音

20 世纪 80 年代,女排精神成为时代最强音,是因为当时中国经济发展水平低,体育实力弱,与世界各国差距很大,要在世界民族之林有一席之地,就必须发展,必须崛起。中华之崛起、振兴是当时几代人共同的追求。女排精神应运而生,在中国共产党的引领和弘扬下,融入社会主义现代化的进程中,并将精神力量化为实际行动的动力,诠释爱国精神,促进经济发展。

进入新时代,中国的综合实力已经不需要一次体育夺冠来证明,体育竞技也恢复了其本身的职业性质。在中国,女排的社会地位依然很高,它依然是最受欢迎的运动团体之一,女排精神依然是十分重要的精神力量。

党对女排精神的培养和孕育从未停止,在新时代对女排精神的弘扬还会不断增强。因为,女排精神契合时代的需要,将成为激励全国人民实现中华民族伟大复兴的重要精神力量。时代的需要和党的弘扬,让女排精神持续传承发扬,成为催人奋进的新时代强音。同时,经过几十年的发展,女排精神也已经成为中国共产党精神谱系中不可分割的一部分。2021 年 9 月,党中央批准了中央宣传部梳理的第一批纳入中国共产党人精神谱系的伟大精神,女排精神被纳入。

（二）女排精神有助于弘扬社会主义核心价值观

纵观历史，每个时代都有各种各样的价值观，尤其是改革开放之后人们的思想得到了解放，伴随着经济和科技的发展人类的视野也不断开阔，价值观的取向也更加丰富。但一个社会和一个国家的发展需要树立所有国民共同支持的价值观，这样才有利于国家和社会长久发展。社会主义核心价值观从国家、社会、个人三个层面分别诠释了发展中国特色社会主义必须坚持和追求的价值准则。这个价值准则是将继承和弘扬中华优秀传统文化同党和国家的伟大目标结合起来，随着时代的发展不断凝聚和升华起来，符合中国特色和发展方向的重要价值观。

无论是从国家层面提出富强、民主、文明、和谐还是从个人层面倡导爱国、敬业、诚信、友善，都和女排精神的内涵有着千丝万缕的联系。女排身上的品质和社会主义核心价值观所推崇的内容是一致的，弘扬女排精神就是弘扬社会主义核心价值观。女排精神在中国人心中有着极高的地位，经过几代人的传承，影响已经十分深远，弘扬女排精神有利于在新时代加强社会主义核心价值观建设。

（三）推进精神文明建设需要弘扬女排精神

改革开放40多年的光辉历程，使中国经济、科技得到飞速发展，在国际舞台上扮演越来越重要的角色。与物质文明建设相比，中国的精神文明建设仍相对滞后。建设精神文明和建设物质文明一样，对推进中国特色社会主义现代化建设具有同等重要意义。精神文明建设包括思想道德建设和教育科学文化建设。女排精神是体育文化建设的产物，其丰富内涵与思想道德建设的部分内容相契合。新时代，弘扬女排精神既有利于推动中国体育文化的长远发展，又有助于通过传递爱岗敬业、无私奉献、勇于担当、敢于奋斗、乐于团结的精神推动群众的思想道德建设。

让人民群众能面向高远，立足本职，用伟大的精神和情怀提升个人思想道德水平，从而调动起各行各业的积极性，推动全面建成富强民主文明和谐美丽的社会主义现代化强国。

2021 年在世界女排联赛上，中国女排以 3∶0 战胜美国队完成"七连胜"，虽然遗憾未能进入四强，但中国女排敢打敢拼，胜不骄、败不馁的精神和乐观果敢、永不言败的球场风采让观众深刻体会到了体育精神的魅力。2021 年中国女排在东京奥运会的失利，让我们看到了新时代体育运动面临的前所未有的挑战，也让全国人民看到了中国女排在面对失败时坚毅勇敢、不屈不挠的意志。明知夺取冠军无望依然爱拼敢拼、不轻言放弃，和历史上无数次绝处逢生的比赛表现出来的精神力量一脉相承。敢于正视失败，勇于战胜困难的女排精神，是面对机遇和挑战的新时代应该弘扬的精神力量。

尽管在国际赛事中连续败北，但中国人对女排的热爱不只是因为夺冠，更是因为中国女排身上体现出来的精神。在新时代弘扬女排精神，就是要用催人奋进的精神力量带动经济、政治、文化、社会、生态文明等各方面的发展。用女排精神激励全国人民同心合力、奋勇拼搏、开拓创新、激流勇进，为实现中华民族伟大复兴而共同奋斗。新时代弘扬女排精神"应注重'践行'与'弘扬优秀传统文化价值'两大核心要素"①。只有用实际行动践行女排精神，女排精神才不会流于形式，才能与实际生活紧密相连，永葆生机活力。只有充分发挥女排精神丰富的传统文化内涵和价值，才能最大限度地发挥女排精神的磅礴力量。

---

① 李文龙：《"女排精神"的文化窥视》，《广州体育学院学报》2020 年第 2 期。

■ 阅读链接 ⚬

《"为中华崛起而拼搏"》

李 斌

　　铿锵玫瑰最迷人，追梦健儿最美丽。10 月 1 日，天安门广场群众游行花车上的女排姑娘们引人瞩目。此前结束的 2019 年女排世界杯比赛中，中国队取得十一连胜的骄人成绩，成功卫冕世界杯冠军，第十次荣膺世界排球"三大赛"冠军，为新中国 70 华诞献上一份沉甸甸的礼物。

　　"女排精神代表着一个时代的精神，喊出了为中华崛起而拼搏的时代最强音。"习近平总书记亲切会见中国女排代表，高度赞扬中国女排展现出的祖国至上、团结协作、顽强拼搏、永不言败的精神面貌，号召大力弘扬新时代的女排精神、开创新时代我国体育事业新局面，让中国女排队员、教练员们倍感振奋，让亿万人民深受鼓舞。把为国争光当作崇高荣誉，以奋勇拼搏为坚定责任，中国女排不畏强手、敢打敢拼，打出了风格、赛出了水平，不仅很好诠释了奥林匹克精神和中华体育精神，更激发了全国人民的爱国热情，增强了全国人民的民族自信心和自豪感。

　　"全面建设社会主义现代化强国，需要在各方面都强起来。"如果说体育强国梦是中华民族伟大复兴中国梦的一个激昂篇章，那么女排精神所体现的，恰是中国人民实现国家富强、民族振兴、人民幸福的共同情结。回想改革开放之初，中国女排"五连冠"的佳绩，奏响了"振兴中华"的时代强音。中国特色社会主义进入新时代，中国女排在 2015 年世界杯、2016 年奥运会、2019 年世界杯三度夺魁，展现出自信自尊自强的新的气质形象，成为中华儿女逐梦复兴征程的靓丽缩影。女排精神可敬，女排姑娘可爱，中国女排的魅力早已超越体育本身，凝结为鼓舞中国人民的精神标杆、偶像力量。

精神不是万能的，但没有精神是万万不行的。民族复兴征程，本身就内含着"精神力"的塑造和比拼。竞技体育没有常胜之师，比夺得金牌更有价值的是展现顽强拼搏的勇气，比赛事输赢更重要的是砥砺超越自我的追求。一路走来，中国女排获得过胜利和荣耀，也经历过失败与挫折，但她们胜不骄、败不馁，从不言弃。靠着那么一股不服输的拼劲、打不垮的韧劲，中国女排重登巅峰再创辉煌。习近平总书记强调："平凡孕育着伟大。"女排姑娘平凡而伟大的拼搏奋斗充分表明，"一切平凡的人都可以获得不平凡的人生，一切平凡的工作都可以创造不平凡的成就"。

有多勇毅的行动，就有多壮丽的征程；有多坚定的信念，就有多光明的未来。今天，社会主义中国巍然屹立在世界东方。从建设体育强国到推动全面深化改革，从实现高质量发展的目标到决战决胜脱贫攻坚的硬仗，都可以从女排精神中汲取把困难踩在脚下、把责任扛在肩上、把梦想化作风帆的精神力量。新时代是大有作为的时代。越是对梦想充满渴望，就越需要振奋民族自信心，鼓起奋斗精气神，汇聚发展正能量，团结协作、顽强拼搏，争取事业新胜利。再艰难的跋涉，只要坚持不懈努力奋斗，终将抵达梦想彼岸。

"把握生命里的每一分钟，全力以赴我们心中的梦"。从站起来、富起来到强起来，我们愈发懂得"一代人有一代人的使命"的厚重内涵，感受到"一万年太久，只争朝夕"的时间紧迫。大力弘扬新时代的女排精神，不断构筑中国精神、中国价值、中国力量，我们一定能够在国家发展、民族进步的竞技场上创造新的辉煌。加油，中国体育健儿！加油，逐梦复兴征程的中华民族梦之队！

（《人民日报》2019 年 10 月 3 日第 4 版）

第三节 社会各界和女排人论女排精神

中国女排在中国人眼中是球场上光芒四射的铿锵玫瑰，是历史上带给他们民族自尊心和自信心的巾帼英雄，是在国际赛场上为国争光的国家荣耀。社会各界对女排精神的认同不因时代而变迁，不因胜负而变化。它始终是激励中华儿女为中华民族伟大复兴而奋斗的强大精神力量。

一、社会各界看女排精神

"祖国至上、团结协作、顽强拼搏、永不言败"是女排精神的内涵。风雨四十载，社会各界关于女排和女排精神的探讨从未停止，经过长期的发展和凝练，女排精神的内涵在大众中已然达成普遍共识。

（一）国家层面看女排精神——是推动时代发展，实现长治久安的重要精神力量

新中国成立以来，党和国家领导人对女排运动高度重视，多次提出要弘扬女排精神，对女排队员有着极大的关心，为女排"十连冠"和女排精神的形成奠定了牢固的基石。《人民日报》作为党中央机关报，多

次提倡弘扬女排精神，是传递女排精神的前沿阵地。通过引导正确的舆论导向，保障舆情畅通，听民情、察民意，宣传利民、益民的精神力量。在新时代通过弘扬女排精神，产生整体社会动员和激励作用，在党的领导下推动广大人民群众践行使命担当，确保国家长治久安。

（二）世界各国看女排精神——是优秀的中国精神，强大的中国力量

中国女排在国际赛场上取得"十连冠"成绩之前，世界各国对中国女排的认识还停留在中国大球水平低下的层面，"十连冠"的开启让世界各国认识到了中国人也能在大球项目上取得举世瞩目的成就。有的国外教练认为中国女排是世界的"标杆"，是其他国家球队的追赶对象；还有外国人说中国女排是世界一流，无人阻止她们夺冠……中国女排运动员在赛场上展现出来的祖国至上、团结协作、顽强拼搏、永不言败的精神力量，以及在赛场上创造奇迹的强大中国力量让世界震惊。

（三）普通群众看女排精神——是困境中的精神支柱，是催人奋进的时代之音

中国女排锻造女排精神的光辉历程，也是一路陪伴中华儿女从困境和低谷中成长起来的心路历程。在国人心中女排精神时刻存在，是艰难困苦岁月中的精神支柱，也是在飞速发展的新时代催人奋进的时代之音。无论是夺冠时期还是衰落时期，中国女排始终在人民心中占据重要的位置，女排精神成为流淌在国人血液中的内生动力。东京奥运会上中国女排连输三场，民众在互联网上对中国女排的评论没有过激的指责，更多的是"赢了一起狂、输了一起扛"的支持与信任。无论岁月如何变迁，中国人对女排精神的认同感从未改变，只要热血未凉，精神不灭，

对女排的热爱就不会动摇。

二、女排人论女排精神

作为女排精神的缔造者和传承者，中国女排运动员的职业生涯和女排精神息息相关，不可分割。最初的女排运动员以自己的青春与热血在赛场上谱写出一曲"祖国至上、团结协作"的精神赞歌，让女排精神第一次进入世人眼中。之后，女排运动员以女排精神激励前行，用赛场风姿继续完善和筑牢女排精神，把"顽强拼搏、永不言败"融入女排精神之中。伴随着几代人的继承和发展，女排精神成为传承党的红色基因，具有丰富的精神内涵，让中华儿女生发出为中华民族伟大复兴而奋斗的强大力量的重要民族精神和时代精神。

女排人和女排精神是互相成就、互相影响的关系。女排精神是中国女排的灵魂，它指引着一代又一代的女排运动员不断成长。在女排精神的指引下成长起来的女排运动员，又用实际行动践行和反哺女排精神，让女排精神在女排人身上永不流逝、持续传承。

（一）黄金时代的女排人论女排精神

袁伟民带领的黄金时代的女排运动员代表人物有孙晋芳、张蓉芳、梁艳、曹慧英、杨希、周晓兰、杨锡兰、陈亚琼、姜英、陈招娣、郑美珠等。其中从事排球运动时间最长的是郎平。黄金时代的女排运动员在每场比赛和每次训练中都表现出了强大的精神力量，体现了"祖国至上"的强大使命感和责任感。正如郎平所说："只要穿上带有'中国'二字的球衣，就是代表祖国出征。每一次比赛，我们的目标都是升国旗，奏国歌！"[①]
郎平是中国女排成长史的见证者，也是女排精神的最佳代言人。和郎平
一起成长起来的中国女排运动员是女排精神的创造者，她们用强烈的
爱国主义情怀和"不破楼兰终不还"的勇气，以不怕苦、不怕难、不
怕伤的精神磨炼、锻造技术。背负祖国和民族荣耀的女排运动员们用
视死如归的决心，在大阪球场上拼死搏杀，面对每一个球都全力以赴，
面对每一场比赛都赴汤蹈火，面对每一个强大的对手都越战越勇。她
们以忘我的精神全身心地投入赛场上，最终夺得了中国排球史上的第
一块世界冠军的金牌，标志着女排精神的诞生。

郎平说："女排精神不是赢得冠军，而是知道有时不会赢，也会竭
尽全力，是一路虽走得摇摇晃晃，但站起来抖抖身上尘土，依然眼神坚
定。"[②] 这是郎平经历了成长蜕变，经历了从运动员到教练身份的转变，
在践行女排精神的过程中不断总结得出的结论。在中国需要胜利来证明
国家实力并用冠军的荣耀找回民族自尊心、自信心的时代，"唯冠军论"
的观点很多，认为只有赢得冠军才算践行女排精神。而见证了女排崛起
历史的郎平指出，明知不能赢，依然拼尽全力无怨无悔，这才是值得宣
扬的女排精神。在女排成长史上，雅典奥运会、里约奥运会这些重要赛
事上，中国女排一开始都经历了失败与挫折，被逼到悬崖边后破釜沉舟，
最终实现绝地反击而夺冠。而那些场拼尽全力依然未赢的比赛，也写满
了女排精神。

（二）白银时代的女排人论女排精神

2003 年、2004 年，中国女排连续夺得两个世界冠军，迎来白银时

---

① 马寅：《荆棘与荣耀：新时代女排奋斗记》，中国青年出版社 2020 年版，第 304 页。
② 马寅：《荆棘与荣耀：新时代女排奋斗记》，中国青年出版社 2020 年版，第 288 页。

代，白银时代是由陈忠和带领女排队员获得的名号，代表人物有冯坤、张萍、赵蕊蕊、杨昊、刘亚男、周苏红等。这个时期的中国女排已经开始轻装上阵，卸下很多压在肩头的重担，女排精神体现在她们对排球运动的热爱和努力的过程中。刘亚男认为，女排精神并不是指只有胜利时的那种精神，而是指当我们遇到困难、在我们陷入低谷的时候，仍然咬住牙，顽强拼搏，屹立不倒，朝着我们的初心坚持不断地奋斗，从低谷走到高处的一个状态。冯坤认为，践行女排精神更重要的是如何把女排精神真正落实在每一天，落实在生活、训练以及日常的点滴之中。周苏红认为，女排精神激励了一代代国人奋发向前，激发了人们对美好生活的向往。赵蕊蕊说，只要足够坚持，只要足够热爱，只要足够认真努力，女排精神就无处不在。赵蕊蕊在中国女排夺取 2003 年世界杯冠军的比赛中被评为"最佳扣球手"，成为世界第一副攻。赵蕊蕊是当时亚洲女排副攻中身高最高的运动员，她的高点扣球爆发力强，技术精湛，拦网也毫无破绽，是攻守兼备的优秀副攻手。身高 1.97 米的"亚洲第一高度"赵蕊蕊是当时中国女排复兴的希望，她本人认真、努力，把所有的时间和精力都用在排球训练上。她身上有中国女排吃苦耐劳、勇于奋斗、敢于拼搏的精神，但病痛却一直折磨着这个"小巨人"。1998 年赵蕊蕊就因为训练时摔伤半月板错失了进入国青队的机会。而后进入国家队，赵蕊蕊凭借良好的身体素质和过硬的专业技术在 2001 年代表中国女排参加亚锦赛，并夺得冠军。在 2003 年世界杯赛场上赵蕊蕊凭借高点扣球、快打和全面的拦网与队员们一举夺回了暌违多年的世界杯冠军。在 2004 年雅典奥运会前，巅峰时期的她却遭受致命的运动重伤，之后凭借顽强的毅力再回奥运赛场，结果再度受伤几乎终结了她的职业生涯。但坚强勇敢的赵蕊蕊没有被命运击倒，经过多次手术后她回到 2008 年奥运会的备战赛场，顽强地为中国女排夺取赛场上的比分。如今，赵蕊蕊已退役，成为一名出色的作家。正如赵蕊蕊所说，只要为了梦想敢于努力、勇于坚持、善于拼搏，女排精神就无处不在。

（三）辉煌时代的女排人论女排精神

2014年郎平重新担任国家队女排教练，带领女排运动员开创了中国女排的辉煌时代。这个时期的主要代表人物有朱婷、惠若琪、袁心玥、张常宁、龚翔宇、曾春蕾、刘晓彤、李盈莹等。这个时期的女排运动员思想更加开放，在互联网上展现出更多面貌，但她们身上的女排精神却依然未变，同时她们与时代青年产生了共鸣。这一时期的女排队员对女排精神的认知和对女排的评价更加全面，她们眼中的女排精神更加丰富和多元化。在她们看来，女排精神既是赛场上的拼搏，又是日常训练中的点点滴滴，更是对女排精神传承和学习的过程。

朱婷说，女排精神不只是在胜利的时候才有，而是一直都存在的。朱婷的成长史是一部催人奋进的励志史。她是一个世界公认的天才球员，一个在里约奥运会周期立下汗马功劳的明星球员，一个从农村走出来的淳朴青年，一个在东京奥运会引发热议的队长。一个从农村走出来准备前往广东打工的农村女孩，却阴差阳错地走上了排球运动的道路。贫困的家庭让朱婷在生活和训练中不得不面对很多困难，但在家人的支持和教练的帮助下，凭借个人顽强的奋斗，几经磨难，她终于成长为中国女排不可或缺的成员之一。在朱婷身上可以看到女排精神不只在赢得比赛的时候存在，输球之后的拼搏和训练之中的顽强都体现出了女排精神。手腕受伤后因保守治疗痛到无法打球的朱婷，在比赛中依然拼尽全力，打不出强大的扣杀就勇敢拦网，甚至拼死救球。中场休息时场边因受伤缠着绷带的颜妮抓住休息的空当帮朱婷冰敷颈椎的画面令人动容，这个小小细节也体现了女排团结协作的精神。这是一个团结一致的队伍，是一个相互扶持、共同进退的优秀团队。

惠若琪说，没有超级英雄，成绩来自我们每一个迎难而上、奋勇拼搏的平凡人，我们的组合才是一个更强大的集体。惠若琪曾经两次在生死边缘徘徊，拖着经历了两次心脏手术的身体在里约奥运会与队员们拼死决战，把最好的青春和健康都奉献给了排球事业。中国女排的团结既体现在赛场上的携手并进、风雨同行，也体现在训练和生活中的互相扶持。在惠若琪和病魔战斗的时候，女排队员们带着她的球衣登上领奖台。

女排精神既体现在同期队员的集体奋进上，也反映在代际帮扶及传承上。中国女排面临关键比赛时，退役的老队员都会赶赴现场或陪伴或陪练。在日常训练中，新老女排队员也互相扶持，共同为女排事业做好传帮带的代际传承。

张常宁说，女排精神体现在训练的每一天，对自己严格要求，绝不放弃。张常宁是中国女排不可多得的全能运动员，可攻可守，哪里有需要她就在哪里，担得起主力也带得起二队。她是一个很有主见的姑娘，作为曾经的沙滩排球冠军甘冒禁赛的风险也要转入室内排球。从沙滩排球到室内排球的转变需要她付出更多的努力，以适应新的场地和规则。经过几年的磨砺，张常宁成为中国女排不可多得的选手，她是中国女排最全面的运动员之一，发球、拦网、进攻、防守、一传……哪里需要她就能顶到哪里。在东京奥运会对战意大利代表队的比赛中，退居后排救球、为整个球队兜底的张常宁看似没有担任主攻时显眼，但对于整个团队却十分重要，毕竟没有一传的保障，扣杀得分无从谈起。这些都体现了中国女排团结协作、以集体荣誉为先的精神。排球运动是团体运动，能在某一个位置上有突出成就已经十分困难了，而成为全能则需要承受更多不为外人所知的痛苦和辛酸。赛场上的高水平是靠每一天的坚持不懈锻造出来的，普普通通的坚持看似不起眼却是夺取冠军的基石。

袁心玥说，新时代的女排精神到我们这代就是传承。沐浴新时代的阳光成长起来的青年运动员们，在进入女排这个大家庭的时候就从郎平、赖亚文这些老一辈教练以及女排队员身上感受到了女排精神的力量。她们在训练和比赛中耳濡目染，从一个旁观者逐渐成长为女排精神的传承人和传播者。随着国际比赛的增多和各国技术的交流切磋，世界各国女排运动员的实力纷纷突飞猛进，竞争前所未有的激烈，要传承和守护中国女排的荣耀比以往难得多，但女排运动员从不放弃，也不惧怕困难，她们把生命的全部热情融入女排事业当中。

冠军之路有尽头，但拼搏之路永无止境。女排人会衰老，女排精神却永远年轻。女排精神是传承党的红色基因，在伟大建党精神孕育下成长起来的与时代主题相契合的中国精神。东京奥运会征程虽以失利告终，但女排人热血未凉，勇气不灭，这群奋勇团结的铿锵玫瑰，必将完成新一轮的涅槃重生，缔造新的红色奇迹。

2022年2月3日，中国排协宣布聘任蔡斌为新一届国家女排主教练。2月16日，新一届中国女排在浙江宁波北仑体育训练基地拉开训练大幕，有71名球员进入人才库，打响备战2024年巴黎奥运会第一枪。2023年在奥运资格赛中，中国女排以四胜三负的成绩，无缘直通巴黎奥运会。2023年10月7日，在杭州第19届亚运会女子排球决赛中，中国女排夺冠……新人新赛事，相信对女排精神会有新体悟。

第四章

中国女排的精神渊源

第一节　红色文化基因铸魂中国女排

精神是指引行动的导航仪，是通往成功的坐标指引。国家发展和个人成长都需要精神力量的指引。近代中国最重要最核心的精神就是伟大建党精神。以伟大建党精神为源头的中国共产党人精神谱系，是由一个个具有代表性的精神力量组成的时代精神体系，是引导全国人民沿着正确航线前行的灵魂灯塔。女排精神是中国共产党人精神谱系的重要组成部分，是中国共产党培养起来的红色时代精神。可以说，中国共产党的红色文化基因为中国女排铸就"灵魂"。

一、党是孕育和培养女排精神的摇篮

女排精神的形成不是偶然的，作为一种精神，之所以能够在中华大地上历久弥新、赓续传承，是有其历史底蕴和时代基础的。女排精神是中国共产党经过长期培养孕育出的红色精神之一，是中国共产党人精神谱系中的重要一员。毫不夸张地说，没有中国共产党的培养就没有女排的辉煌，没有伟大建党精神的孕育就没有女排精神的形成。

（一）党对女排运动的重视和培养

中国共产党历来十分重视中国女排的成长和发展，对女排的培养包括政策支持、教育引导、人才培养、基础设施等方方面面。

历代党和国家领导人都十分关注女排，对女排精神的重视和培养从未间断过，对学习女排精神的号召也从未停止过，深深影响着中国女排的发展，为中国女排指明了前进的方向。大松博文表示曾多次收到周恩来关于邀请他前来中国培训女排的信件，感慨一个国家总理居然能如此重视一项体育运动。他认为拥有如此得天独厚的政治支持和发展环境，中国女排跃身起飞是必然的。

新中国成立后，为解决人民的温饱问题，中国共产党经历了不懈的奋斗并取得成绩；改革开放之后中国经济迅速回暖，人民生活水平得到大幅提升；如今脱贫攻坚已取得胜利，但我国仍处于并将长期处于社会主义初级阶段的基本国情没有变。无论处于何种历史阶段，党对体育事业的投入都未曾懈怠，如通过加强基础设施建设，引入先进的训练技术，引进掌握优秀医疗技术的康复训练师，供应配比精准的健康饮食等，为运动员提供各方面的优越条件，使他们没有后顾之忧，全身心地投入训练和比赛中，等等。

（二）党的孕育促使女排精神的形成

中国共产党人的精神谱系是由一系列优秀精神组成的伟大精神体系，包括井冈山精神、长征精神、大庆精神、雷锋精神、女排精神等。女排精神之所以能传承几代人，并在中国人心中留下不同于其他精神的深刻的集体记忆，除了女排精神自身的优势之外，离不开中国共产党的孕育、培养和宣传引导。比如，《人民日报》持续多年报道中国女排、宣传女排精神，让女排精神被更多的人知晓，影响更多的时代青年。

中国共产党除了在各方面支持女排事业以外，最重要的是善于引导和培育女排精神，为女排的成长提供精神养分和力量。中国共产党对体育运动的重视，为女排精神奠定了良好的成长环境；中国共产党踏风逐浪的艰难历程和刻骨铭心的奋斗历史，为女排精神的成长提供了取之不尽、用之不竭的精神养料。历经几十年的岁月变迁，中国共产党以全心全意为人民服务的宗旨，将中国女排培养起一支体育界的铁军，将女排精神锻造成经得起历史考验的红色精神。

（三）党的爱国主义精神孕育女排祖国至上的精神

中国共产党成立之初，就以挽救水深火热中的中国人民，进而解放全中国为己任。在革命时期，共产党人的爱国主义精神体现为不怕牺牲，抛头颅、洒热血，为共产主义事业牺牲小我、成就大我。救亡图存的爱国志士，来自不同的阶层、不同的地方，他们不追求个人利益，在金钱、名利面前不受诱惑，在遭受生命威胁时毫不退缩，始终把共产党的成功、中国革命的胜利作为毕生追求。在建设、改革时期，党的爱国主义精神体现在艰苦奋斗、勇于奉献的过程中。改革开放是中国在探索发展之路时提出的最重要的基本国策，一个国家的发展需要各行各业的劳动者发挥劳模精神，把国家利益放在个人荣辱之前，把集体荣誉放在个人得失之前。在战争年代我们谈奉献，其内容更多的是千千万万共产党员为革命事业奉献青春和生命。在和平年代，依然需要奉献精神，它不仅体现为了集体利益牺牲自己的伟大壮举，更可能是在高精尖领域为了一个突破性技术的艰苦付出，它也可能只是朴素地体现为一个人一心扑在工作岗位上……改革开放以来，尤其是进入新时代，党用强烈的爱国主义情怀带领中国人民实现了经济的跨越式发展。中国共产党人为集体利益、为国家荣耀、为实现共同富裕，始终践行全心全意为人民服务的宗旨。正是在这几十载的岁月中，在党的爱国主义精神影响下，中国女排运动员把为国争光的梦想融入艰苦的训练之中，将爱国主义情怀融入惊心动魄的比赛中，最终在国际赛场上彰显了中国女排"祖国至上"的强大精神力量。

（四）党的团结力量孕育着女排团结协作的精神

团结，是中国共产党在历史上战胜一切困难的重要法宝之一。团结协作精神深深地影响着在改革开放初期成长起来的中国女排，成为女排精神的内涵之一。

中国女排是最能体现团结之力的队伍，深受中国共产党团结精神的影响，团结协作成为女排运动员40年"十连冠"的制胜法宝。中国女排的强大不只体现在个体的强大上，更体现在团结协作上，即面对艰难比赛时同舟共济，发挥团队的力量，用强大的团队之力战胜对手。女排的团队协作是全方位的，既包含队员之间在赛场上和训练中的团结协作，又包括幕后工作人员的艰辛付出，还有决策层的坚强领导和几代女排运动员的代际团结。中国女排用她们团结协作精神创造的"十连冠"伟业，让女排精神成为国人心中的特殊情怀和精神指引，让几代中国人凝聚起来的团结之力更加强大。

（五）共产党人善于学习勇于探索的精神让中国女排一路前行

一个没有创新精神的人是迂腐的，一个没有创新精神的国家是注定要衰落的。中国共产党在发展历程中的无数成功事迹，都体现了善于学习，勇于开拓，不断创造奇迹的强大能力。中国女排也是在不断学习和创新中逐步成长，并成功磨砺出女排精神的。

敢于学习、勇于创新的精神融于中国女排的血液之中，早在中国女排成立之初，女排运动员就勇于学习、善于学习，在学习中不断磨炼和锻造技术。排球运动乃至所有的体育项目，都是在相互学习的过程中不断发掘和提升自身优势的，尤其是通过赛场上的交流与碰撞才能推动体育技能的不断提高。郎平说过："在历史上，中国女排也曾向日本学习。除此之外，我们又结合了自身的特点发展自己，希望亚洲排球能够越来越好。"① 善于学以致用，勇于开拓进取的品质为中国女排提供了长久发展的无限可能。只有这样才能在经历更新换代的阵痛中持续前行，在经历失败和困难之后重新勇敢地扬帆起航，从失败中汲取力量开辟通往新胜利的新道路。

（六）坚毅勇敢、奋勇拼搏使女排精神历久弥新

滴水穿石、铁杵成针，很多事情的成功都是持之以恒、坚持不懈的结果。在体育运动比赛，尤其是时长较久的竞赛中，持之以恒、坚持不懈是非常重要的。一场激烈的对抗赛，消耗的不只是运动员的体力，还有精神力。每个运动员在开局之初身体状况都是最好的，精神状态也是最饱满的，然而随着时间的流逝和比赛的激烈消耗，体力和精神力都会下降。一场势均力敌的比赛，到最后除了技术水平和战术能力，双方运动员坚毅勇敢的精神力的比拼，便成为最终决定比赛结果的关键因素。

女排队员在赛场上奋勇拼搏的飒爽英姿，在训练场上摸爬滚打的坚强身影，是千千万万共产党员身上涌现的时代之气和英勇之魂的缩影。中国共产党人的顽强拼搏精神，不仅体现在革命、建设和改革时期那些感人肺腑的英勇事迹中，可能只是许多普通基层党员为群众利益而做的一件件平凡小事……伟大的事业源于平凡的付出，巨大的成功源于一次

---

① 孔宁：《中国女排：一种精神的成长史》，北京日报出版社 2020 年版，第 3 页。

次的奋勇拼搏。中国共产党的奋勇拼搏精神和坚毅勇敢的精神深深印在每个党员的记忆深处，并作为其身上必不可少的品质不断传承发扬。共产党人的优良品质和女排精神是异曲同工、一脉相承的，中国共产党自身即具备女排精神的既成内涵，所以才能培养和孕育女排精神。

图为女排队员们使用过的护膝

二、女排精神与长征精神一脉相承

中国女排顽强拼搏的精神，与长征精神一脉相承。"红军不怕远征难，万水千山只等闲。"毛泽东这句雄壮豪迈、感人肺腑的诗词，今日重温依然振聋发聩。中国共产党领导的红一方面军、红二方面军、红四方面军和红二十五方面军，分别从苏区向陕甘苏区战略转移。其中红一方面军行程为二万五千里，因此长征又常被称作二万五千里长征。红军从江西瑞金出发，踏上漫漫征程，一路挺进湘西，成功突破国民党的四道封锁线，勇夺贵州，顺势渡过乌江，夺取遵义，之后四渡赤水，打乱了敌人的"追剿"计划，接着巧渡惊涛拍岸的金沙江，冒着枪林弹雨飞夺泸定桥，翻过终年积雪、危机四伏的茫茫雪山，踏过人迹罕至、无边无垠的广阔草原。高山冻土、无人区这些人类难以涉足的地方，中国红军凭借强大的爱国主义精神和不怕牺牲的革命精神都一一征服了。克服恶劣的自然环境，跨过生命的禁区，创造伟大的奇迹，同时付出巨大的牺牲，红军主力由出发时的 30 万人锐减到 2.5 万人，红一、二、四方面军于 1936 年在甘肃会宁会师。这场远征无论是从历时、行程还是从恶劣的自然环境方面来说，都是人类战争史上绝无仅有的，是中国共产党伟大精神的集中体现。

红军长征是中国革命发展史上的里程碑，也是人类战斗史上的伟大丰碑，长征精神的主要内涵是把全国人民和中华民族的根本利益看得高于一切，坚定革命的理想和信念，坚信正义事业必然胜利；顾全大局、严守纪律、紧密团结；为了救国救民，不怕艰难险阻、不惜付出一切的牺牲精神。在红军长征的艰难历程中，涌现出许许多多的英雄人物。在湘江战役中，陈树湘师长公而忘私、无私无畏，为了国家和人民的利益，作为师长的他身先士卒、冲锋陷阵，即便伤痕累累、肠穿肚烂也坚持继续战斗；邝任农为红军长征时的部队供给殚精竭虑，四处奔波，甚至累到吐血晕倒，然而醒来第一句便是"三十斤小麦拿到了吗？"……在红军过草地的艰难时期，不得不吃野菜充饥，陈云开为了保障战士们的安全亲自"尝百草"，把安全留给战友、把危险留给自己……

长征精神是中国共产党人的精神谱系的重要支脉之一。人类在大自然面前是渺小而无力的，在大自然的"威严"面前几乎毫无还手之力。如何与自然共生，如何在恶劣的自然环境中生存下去，是人类一直在研究的课题。如果说在中国近代有人类战胜自然的例子，那必然是红军长征之行。茫茫草地是恶魔留下的陷阱，那些表面平静不易察觉的湿地，可能是随时吞噬生命的沼泽，无数中国军人的生命悄无声息地消失在无边无垠的原野中；皑皑白雪可能是一场伪装，温软的雪地之下可能是巨大的冰坑，烈日当空之后可能转眼就是风雪大作，还有铺天盖地的如洪水猛兽般汹涌的雪崩，只要一瞬间就能让生命绝迹；奔流不息的金沙江水，孕育中华儿女的第一大江，也有它不为人知的一面，惊涛拍岸，汹涌澎湃，生命在它的愤怒之下不值一提……中国红军以超越常人的意志力，以不怕苦不怕死的精神穿草地、过雪山、跨越金沙江、飞夺泸定桥，闯过无人生还的生命禁区，终于粉碎了敌人的武装"围剿"，完成了震惊中外的长征之行，留下了最宝贵的长征精神。

中国女排身上传承了这种不怕艰难、勇于牺牲的无私无畏的长征精神。郎平说过："我一直记得袁导曾经说的，当中国女排主教练，要无私无畏。"[1] "独臂将军"陈招娣，是女排老牌队员的代表人物之一。她在和日本队的一场比赛中左手桡骨断裂，然而严重的伤痛并没有阻止她拼搏的节奏，伤后两个月她吊着手臂再次征战，无私无畏的精神早已战胜了身体上的疼痛，正是这样的精神让她和其他女排队员们一起铸就了"五连冠"的辉煌成就。中国女排队员——"亚洲第一高度"赵蕊蕊，她的排球生涯伴随着伤病、泪水和不屈，在雅典奥运会上小腿骨折被担架抬进医院的她，没有担心自己的伤势也没有担心自己的职业生涯，而是一直忧心自己的退场是否会影响比赛，直到在医院听到中国队以 3∶1 击败美国队时，她悬着的心才放了下来。2019 年女排世界杯比赛中朱婷手腕受伤，但她是中国队的"核心武器"。女排需要她，比赛需要她。她带着伤病坚持上场比赛，以顽强的毅力带领中国女排一路拼杀，冲进了

---

[1] 马寅：《荆棘与荣耀：新时代女排奋斗记》，中国青年出版社 2020 年版，（序）第 3 页。

奥运会的赛场。在2021年东京奥运会的赛场上，她虽然手上缠满绷带，却带着伤痛打满全场，毫不退缩地多次拦下汤普森的大力扣杀。尽管比赛结果令人遗憾，但她在赛场上爱拼敢拼的精神深深地触动人心……这些是女排精神，也是长征精神，更是中国精神。

长征精神是爱国主义精神的集中体现，也是共产党人的优良品格，更是中国女排传承几十年的精神内涵之一。长征精神对女排精神最初的形成有着重要的影响，女排在成立之初受到许多党和国家领导人的重视，尤其是时任国家体育运动委员会主席的贺龙对中国女排十分关心，期望极高。贺龙是军人出身，经历过红军长征，因此经常以长征精神鼓舞女排。而最初的女排老将中也有很多出身于军人家庭，军人顽强坚毅的作风，不怕苦、不怕死的精神早已根植于女排人的心中，深深融于中国女排的血液中，与其融为一体，成为颇具中国特色的新的精神产物——女排精神。

（一）中国女排——"球场上的铁军"

在排球等高人项目中身高对比赛的影响很大，身高和弹跳力影响着拦网高度，相对矮小的中国人很难拦住人高马大的欧美球员的扣杀。中国女排从低谷走来，在高球项目中天生条件欠缺的情况下，依然坚毅勇敢，誓要夺冠。女排运动员学习长征精神，把排球运动当成另一种形式的行军打仗，以不达目标决不罢休的精神直面困难。在训练中如果高度不够就训练弹跳力，力度不够就练臂力。中国女排在成千上万次重复的训练中克服种种困难，用顽强的毅力和不怕艰难困苦、不惜付出一切、勇于牺牲的长征精神，进行一次次超强度的魔鬼训练，把自己锻造成一支在技术、心理、精神等方面全面成熟的铁军队伍。正是因为有了长征精神这样强有力的精神支柱，在全国没有一个排球馆，甚至连一个排球场都很难找到的年代，中国女排不畏艰辛、不惧失败，在无数艰难困苦中坚持了下来，为20世纪80年代女排的腾飞作出了贡献，在跌宕起伏的数次逆境中重生，取得了"十连冠"的辉煌战绩。

光有精神是不够的，还需要把精神践行到日常训练中，只有练就过硬的技术才是对精神的真正践行，才能让精神力量成为赛场上攻无不克、战无不胜的重要"加持"。中国女排是铿锵玫瑰、巾帼英雄，她们身上有中国军人的优良品格，是为国家拼搏的"球场战士"。"球场战士"与"战场军人"的品质相呼应。

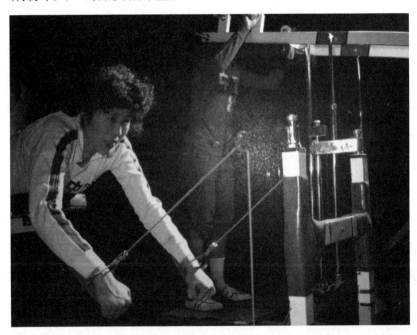

1982年7月中国女排主攻手郎平在进行力量训练

在球场上，她们是球场铁军、铿锵玫瑰，她们的名字是中国女排。中国女排站在赛场上代表的就是祖国，每一个女排运动员的初心和使命都是夺取冠军、为国争光。只要站在赛场上，她们就如同军人一样团结协作、顽强拼搏，无论多么困难和多少失败都无法击倒她们。在训练场上，女排运动员一次次摔倒一次次爬起，她们用成千上万次超越极限的训练战胜了一个个不可能完成的挑战，她们一步一步锻造技术，用强烈的爱国主义情怀和顽强不屈的斗志，在身高、体重和西方运动员相比不具备优势的情况下通过后天的磨砺，逐步成长、逐渐完善，成为一支招之即来、来之能战、战之能胜的球场铁军。在新时代，中国女排继续传承弘扬女排精神，用祖国至上、团结协作、顽强拼搏、永不言败的精神感染着无数的中华儿女，她们在赛场上表现出来的精神力量成为中华儿女宝贵的精神财富。

（二）中国女排的成长历程是另一种长征

中国女排"十连冠"的历程和红军长征一样，同样经历了艰难险阻和巨大挑战。红军长征的胜利是人类战争史上的伟大奇迹，皑皑雪山、茫茫草地、滚滚长江，所到之处几乎都是生命禁地，中国军人凭借顽强的意志力以及誓要翻身、誓要救亡图存的决心和毅力，用伟大的牺牲、极大的付出，冲出了困境和重围。中国女排在最初的时候没有标准的训练场地和先进的训练设备，她们在竹棚训练时表现出来的不怕苦、不怕难、不怕伤的精神，与红军长征面对艰难险阻时的勇往直前是一脉相承的；女排运动员在赛场上面对强敌时毫不退缩、拼尽全力的勇气，与红军面对大自然的巨大威胁也绝不后退的勇气是同根同源的；中国女排在面对失败时也绝不失去夺取胜利的勇气和决心，与红军在长征中面临死亡与敌军追击时以狭路相逢的勇气和誓要完成任务的决心创造奇迹是薪火相传的。伟大的长征精神鼓舞着赛场上拼搏的中国女排运动员，为女排精神的形成提供了强大的精神养分。中国女排"十连冠"的辉煌历程，承载了几代女排运动员的青春、热血和汗水，伴随着辉煌成就的是无数的失败与成长，变革和突破。长征是一场艰难漫长的苦旅，中国女排的响亮名号也是一次次苦战磨砺而成的。

三、女排精神与优秀共产党人的品质相呼应

"对党忠诚，积极工作，为共产主义事业奋斗终身，随时准备为党和人民牺牲一切，永不叛党。"这是每一名共产党员在党旗下的誓言。正是因为千千万万的党员不断用行动、汗水和生命践行着党旗下的誓言，才有了党乘风破浪、光荣辉煌的百年历史。伟大的征程需要伟大的牺牲，伟大的事业需要无私的奉献。在每一个时代都有无数的先进党员、时代楷模，用自己的行动感动一代又一代人。女排精神是在伟大建党精神的孕育和培养下，结合中国女排自身的优良品格，通过一次次赛场磨砺与锻造成长起来的，与伟大建党精神十分契合，与共产党人的优秀品质相呼应。

（一）女排勇毅乐观与共产党人顽强豁达的品质相呼应

在革命年代，无数中国共产党人在危险之中顽强不屈，在刺刀面前毫不动摇，在困境之中乐观勇敢。渣滓洞集中营中有无数刻骨铭心的悲惨故事，许多革命者在渣滓洞恶劣艰苦的环境和敌人凶残的折磨下依然乐观勇敢，顽强不屈，苦中作乐，其中最令人动容的就是江姐的故事。江姐原名江竹筠，1948 年 6 月 14 日，她在万县被捕，被关押在重庆军统渣滓洞监狱，受尽酷刑，老虎凳、吊索、带刺的钢鞭、撬杠、电刑……甚至把竹签钉进她的十指，遭受那些令人望而生畏的刑具，江姐却不为所动，肉体的折磨没有击垮她作为革命者的灵魂。其中，狱中联欢是被收入教材中的一段故事。元旦那天，被关在牢房中的革命者们纵情高歌，用一曲曲动人的歌声开启了元旦联欢。她们在有限的条件下制作了一张

张贺卡，用牙刷柄刻出了一百多颗红的、黄的五角星，还将用彩线绣的锦旗等各种小礼物送给狱中的战士们。江姐用她勇敢、乐观、积极的生活态度感染了狱中的每一个人，也给在狱中出生的可怜儿童带去了世间的温暖和阳光。

女排精神和中国共产党人优秀精神有相通的地方。坚毅勇敢、乐观积极是他们共有的特征。中国女排在面对艰难的环境时往往坚毅勇敢，顽强不屈，朝着目标不断前行，如郎平、陈招娣、孙晋芳、张蓉芳等老一辈女排队员在艰难的环境中没日没夜地艰苦训练，用青春、热血、汗水浇筑出坚毅勇敢、顽强不屈的斗志；面对失败时，新一代中国女排队员仍坚强豁达，乐观积极，永不言败。例如，在2016年巴西里约奥运会上小组赛失利，准备打道回府的艰难时刻，中国女排运动员凭借坚强豁达、积极乐观的心态最终击败强大的巴西队，逆境重生，再次创造了冠军的奇迹。

坚毅勇敢、乐观积极的精神早已融入她们的血脉中，不只在赛场上，在面对生活的困难时中国女排队员依然能笑对人生，迎难而上。无论是经历两次心脏病手术的惠若琪，还是全身多次手术的郎平，在她们面对生活的困苦和病痛的折磨时，往往以乐观积极的心态和坚持不懈的决心不断战胜困难，扼住命运的咽喉成为生活的强者。她们的积极乐观感动着无数人，是当之无愧的女排精神践行者和传承者。

（二）女排的竹棚精神与党的艰苦奋斗品质相呼应

在经历炮火与战争的革命年代，勇敢的共产党员、伟大的爱国人士，谱写了一段段可歌可泣的感人历史。在物质匮乏、中华民族内忧外患的年代，革命者面临的艰难困苦是物质富足的我们无法想象的。那个时代的革命先驱，真正做到了不怕苦、不怕死，在他们眼里，只要能救中国，一切的牺牲都值得。为共产主义事业而奋斗，他们虽苦犹荣，甘之如饴，他们的不屈不挠、艰苦奋斗精神感染着千千万万的人民群众。

在和平年代，国与国之间的竞争更加激烈，中华民族从站起来、富起来到强起来的道路充满艰辛。从炮火中走来的中国共产党始终不忘初心、牢记使命，革命战争年代中国共产党人身上不怕苦、不怕死的精神薪火相承。新时代的中国共产党人在自己的岗位上艰苦奋斗，为党和国家的事业不怕苦、不怕累，付出自己的精力与心血，在普通的岗位上尽职尽责。他们以国家利益为先，把民族荣誉放在第一位，用智慧和汗水，用情怀和热血在平凡中谱写不平凡，在吃苦耐劳中续写伟大事业。

20世纪80年代，中国女排在福建漳州用竹棚搭建的排球训练基地进行集训，在这里产生了女排精神的雏形——竹棚精神。竹棚精神在推动中国排球奋起过程中功不可没，可凝练为20个字："滚上一身土，蹭掉一层皮，苦练技战功，立志攀高峰。"在集训期间，以郎平、陈招娣为代表的第一代女排队员在竹棚里摸爬滚打，通过亿万次的训练将有意识的训练变成无意识的训练，将无意识的反应训练变成下意识的反应，才有了赛场上披荆斩棘的赛场英姿。[1]女排运动员在低矮的竹棚中不怕苦、不怕累，不惧受伤也不畏流血，即便累到呕吐、伤到浑身是血，她们都毫无怨言，永不言弃。还在赛后互相拔刺、苦中作乐，用积极的心态和艰辛的付出，用血和汗铺出一条从竹棚走向世界冠军的道路。

在中国共产党的发展历程和中国共产党人身上都可以看到这种精神。中国共产党人在不同时代不同岗位以吃苦耐劳的精神和摸爬滚打的奋勇之力践行初心使命，凝聚成中国共产党的伟大精神，与女排队员自强不息、艰苦卓绝、永不言败的竹棚精神相呼应。

---

[1] 嘉央桑珠：《〈夺冠〉：诠释新时代女排精神》，《中国电影市场》2021年第1期。

第二节 女排精神植根于中华优秀传统文化

女排精神是根植于中华优秀传统文化成长起来的民族精神和时代精神。这一源于体育的民族精神在新时代将继续指引着各族中华儿女奋勇拼搏、共筑中国梦。

一、"士不可以不弘毅，任重而道远"与中国女排的使命感

"士不可以不弘毅，任重而道远。"（《论语》）要实现远大的理想抱负，就要有披荆斩棘、勇往直前的恒心和毅力。中国女排树立崇高的理想信念，以强烈的使命担当，义无反顾、勇往直前地践行排球事业的初心使命。

（一）中国女排的信念和使命感

中国女排是中国三大球中发展最好的一项。从 1981 年中国女排获得第一枚冠军奖牌开始就注定了中国女排的不平凡，注定了她们要担负起时代赋予的复兴中华体育的使命，承载起十几亿中华儿女对她们的期望和重托。冠军头衔是她们的荣耀，也是她们的压力。就像郎平说的，

她们那个时代的女排承载着太多的希望，她们的肩膀上承担着太多的东西，从来都是负重前行。体育场上没有与生俱来的常胜将军，所谓的天才运动员也不过是付出了常人难以想象的努力，积蓄了超乎寻常的勇气而已。

中国人从来都是内敛、低调却外柔内刚的，他们脚踏实地却有直冲云霄的勇气。在欧洲国家称霸排坛，亚洲队除日本之外毫无立足之地的时代，中国女排没有放弃希望，也没有退缩，反而是树立了夺取世界冠军的远大理想，她们要在世界舞台上升国旗、奏国歌，向世界展现中国力量。为了这个伟大的目标，女排运动员经历了艰辛和漫长的摸爬滚打，进行了超越极限的魔鬼训练，她们每天都在心理和体能上跟自己较劲，终于跨越刀山火海，如愿夺冠。

夺得一次冠军并不意味着任务结束了，而是正式开启了中国女排承担起三大球复兴、为国争光的使命之旅。图发展、谋复兴，期待胜利的中国人在中国女排身上投入了太多的感情，女排队员承担起更多中国人的希望。"天降大任"的中国女排，用强烈的使命感和责任感，为中国体育事业的复兴奋勇拼搏。经历了几起几落，在新时代，中国女排依然将在国际大赛上"升国旗、奏国歌"作为她们的目标。使命感和责任感已经深深地烙印在女排人的灵魂之中，无论时代如何更迭，岁月如何变迁，她们始终把比赛成绩同国家荣誉、社会责任联系起来，用顽强的斗志和拼搏的精神为胜利而战。

袁伟民带领女排创造的黄金时代是一个他人难以企及的绝对高度，当时袁教练的队伍中有陈招娣、郎平、孙晋芳这些吃苦耐劳、一身军人气节的女排名将。经过十几年的发展，各国排球都有了飞速的进步，在女排成绩低迷时期，陈忠和毅然接下了女排教练的重任，但外界一致不看好这个陪练出身的教练。陈忠和以顽强的精神、坚强的意志训练中国女排，全身心地投入中国的排球事业中，顶着压力起用新人，顶着"魔鬼教练"的头衔训练女排队员。经过多次的挫折和长期的磨炼，冯坤、杨昊……这些年轻的运动员带着 17 年的渴望，带着 17 年的卧薪尝胆，重新夺回了属于中国女排的冠军荣耀，让世人看到了以陈忠和为代表的第二代女排人的使命和担当。

（二）中国女排的理想和远大抱负

中国女排之所以能在西方排球强队林立的环境下开创"十连冠"的辉煌成绩，和几代中国女排运动员立下的鸿鹄之志是密不可分的。"冲出亚洲、走向世界"，对于中国女排来说，从来不是一句贴在墙上的标语，而是深入灵魂的使命感和责任感。每一个女排运动员在进入国家队的时候都暗下决心，一定要为祖国在世界赛场上夺得冠军。正是因为中国女排运动员有这样的远大抱负，所以才能坚定夺冠的目标，一往无前、绝不退缩。在 1981 年第一次夺得世界冠军之后，她们没有因为达成目标而停下脚步，反而再接再厉继续冲击世锦赛和奥运会的冠军，用不屈不挠的精神和永不停歇的步伐创造了"十连冠"的辉煌。

二、"天行健，君子以自强不息"与中国女排的拼搏精神

"天行健，君子以自强不息。"（《易经》）大意是说，自然运动刚强有力，君子行事也要像自然之力一样，力求进步，发愤图强，不可堕落懈怠。后来用于勉励世人自立自强，奋斗不息。自立才能自强，自强才会自信。无论是国家还是个人，都需要树立自强不息的精神，只有这样才能在瞬息万变的历史洪流中不被淘汰，才不会因为弱小而被欺凌。中国共产党的发展史和新中国的成长史，是近代中国自强不息的奋斗史。

在中国共产党引领和培育下的中国女排自然也是自强不息的团队，在其发展历史上一直散发着自立自强、自信自持的精神气息。女排运动员们巾帼不让须眉，作为女性身上却充满"天行健"的君子气节。

（一）"独臂将军"陈招娣

与郎平同一时期的陈招娣，是最能吃苦、最能奋斗、最不服输的运动员。用铮铮铁骨、百折不挠形容陈招娣是最适合不过的，她是中国体育的楷模，是中国女排拥有顽强不屈斗志的代表人物之一。军人世家出身的陈招娣，性格坚毅果敢，十分要强。描写她"三进三出"主动要求袁伟民加练的故事的《苦练》一文曾经被编入中学生教材，成为鼓舞年青人的励志故事。1978年在和日本队的一场比赛中，陈招娣手骨断裂，然而伤痛不能阻止她前行的脚步，在两个月后的全运会上她吊着一只手臂走上赛场，用超乎常人的勇气和毅力救起每一个球，用一只手臂阻挡对方的攻势。她坚毅勇敢、顽强不屈的赛场风采，感动了无数观众。在1981年中国女排首次夺冠的重要比赛中，在和日本队进行激烈决战的时候，陈招娣腰部受伤，但她凭借惊人的毅力在赛场上勇敢拼搏，用铮铮铁骨拦住对方强烈的攻势。在夺取冠军后的领奖时刻，陈招娣因为腰伤和高负荷的运动冲击无法站立，被队友背上了领奖台。陈招娣的一生是为排球事业拼搏奋斗的一生，是不屈不挠与命运抗争、与困苦抗争的一生，是代表中国体育精神的传奇的一生。

（二）"奇兵"刘晓彤

刘晓彤的排球生涯跌宕起伏，不以物喜、不以己悲，常怀奋斗之心、常树英勇之志，是对她最合适的描述。她在北京女排的时候，就以强力的跳发和大力的扣球迅速成名，然而她也存在大部分主攻都有的"一传弱"和"防守差"的问题。为了弥补短板，提升技能，早日进入梦寐以求的国家队，刘晓彤拼命训练，终于在 2013 年加入郎平执教的国家队。进入国家队后她苦练防守、磨炼一传技能。当时，国家队有惠若琪、朱婷这样攻守平衡的主攻，也有张常宁这样技术全面的主攻，攻守平衡度还不够的刘晓彤始终不能成为国家队的核心。每次大赛名单出来之前她都是最忐忑的一个，虽然被数次排除在奥运大名单之外，刘晓彤却没有一蹶不振，而是继续奋斗。即便长期处于"边缘"境地，也丝毫不影响她奋勇拼搏，因为她有远大的抱负，有夺冠的决心，也有自强不息的斗志。功夫不负有心人，卧薪尝胆后的刘晓彤最终在 2016 年里约奥运会的四分之一决赛中大显身手，在对阵巴西队的生死决战中顶替惠若琪作为奇兵上阵。三年磨一剑的刘晓彤，早已积蓄了强大的能力，一朝出鞘，所向披靡，完美完成"奇袭"！自强不息、艰苦奋斗精神，让刘晓彤担得起"奇兵"之名！

（三）"最美队长"惠若琪

　　惠若琪是美貌与实力兼备的女排队长，经历过生死的考验，又以自强不息的毅力重返赛场，征战里约。她身上体现出新时代女排奋勇拼搏、顽强不屈的精神。16 岁就进入国家队的惠若琪，见证了中国女排的低迷时期，她希望女排能够夺得冠军，重现女排黄金时代和白银时代的风采。这个有强烈使命感和担当精神的年青队长，把里约奥运会夺冠作为奋斗目标。她是队里的主攻手，也是训练场上的全勤标兵，在她满怀希望准备踏上 2015 年女排世界杯的征途时，命运和她开了一个巨大的玩笑。出征之前，惠若琪身体不适，被查出特发性室性心动过速，需要手术。这对于运动员来说是致命的打击。她含泪送别队友，独自走上手术台。经过极度痛苦的手术，几次在生死边缘徘徊的她，看到队友们夺得世界杯冠军后拿着她的球服登上领奖台时，一直犹豫是否要放弃排球事业的惠若琪下定决心毅然决然地重返球场。然而命运十分残忍，在临近里约奥运会 6 个月的时候，惠若琪的心脏再次出现问题。对排球事业的热爱和镌刻在灵魂深处的女排精神，让这个笑容如花的女排队员，以超乎常人的勇气接受了第二次心脏手术。最终，她凭借坚强的意志，冲破了命运的囚笼，勇敢地重返赛场，在里约奥运会艰难的厮杀中奋战到底。在决赛场上她打出一个完美的探头球，拿下了最后的也是最关键的一分，使中国队时隔多年重夺奥运金牌。自强不息的女排队长，从痛苦和死亡的边缘走了出来，她用年轻的热血和震撼的女排精神书写了一段自强不息的、感人的夺冠故事。

三、"虽千万人，吾往矣"与中国女排的担当精神

"虽千万人，吾往矣。"（《孟子》）大意是纵使千万人阻止，唯独我一人也要勇往直前，用于形容"舍我其谁"的担当精神。面对困难，勇往直前；面对责任，勇于担当。这是中国共产党人永不磨灭的优良品格，也是中国女排一直传承的伟大精神。

（一）壮哉！中国共产党人

"苟利国家生死以，岂因祸福避趋之。"越是在危难时刻越能体现中国共产党人的责任意识和担当精神。在新时代，共产党人的使命担当无处不在，以国家利益为先，以人民生命为重，他们用无私奉献的精神践行着党员的使命担当。比如，在脱贫攻坚中牺牲的共产党员。2015 年11 月脱贫攻坚的号角吹响，一场史无前例的为消灭贫困而全民参与的战斗随之打响。脱贫攻坚工作覆盖的人数、涉及的脱贫项目、参与的人数

前所未有。在这场脱贫攻坚的战斗中，基层的党组织、党员充分发挥了不怕苦、不怕死的精神，在这场看不见对手的战争中，全国上下有 1800 多名党员干部付出了宝贵的生命，最终取得了彪炳史册的伟大胜利。全国 9899 万贫困人口实现脱贫，832 个贫困县实现"摘帽"，这是一场震惊世界的伟大胜利。不同于过去粗放式、输血式的扶贫，这次的脱贫攻坚工作把精准式的扶贫作为重点，探索出一条造血式的扶贫之路。这是中国共产党用使命和担当创造的又一个奇迹。

使命在肩，担当在心，是每一个优秀共产党员不变的品格。无论是在国家危难时刻、在民族存亡之际，还是实现中华民族伟大复兴道路上，千千万万的共产党员以"舍我其谁"的担当精神和"愿得此身常报国"的爱国情怀毅然前行。这是中国共产党人担当精神的集中体现，也与女排精神的内涵同符合契。

（二）勇哉！中国女排

中国女排在成长过程中始终展现出面对强敌时锐意进取，面对时代赋予的使命时勇于担当、敢于奋斗的精神面貌。无论在比赛中，还是在训练中，只要祖国需要，无论台前幕后，她们都一往无前，毫无怨言。在女排精神的熏陶下成长起来的女排运动员们，身上都有"功成不必在我，功成必须有我"[①]的高尚情怀。

张蓉芳，是中国女排首次夺冠的参与者，也是带领中国女排夺得1986 年世锦赛冠军的主教练。1986 年，中国女排由于人员变动整体水平有所下滑，最佳主攻郎平退役，带领女排夺冠的袁伟民教练也已经卸任，世界排坛中古巴等强队强势崛起，那一年的世锦赛情况不容乐观。

---

① 胡适：《1932 年致毕业生》，《独立评论》1932 年第七号。

而当时中国的国际地位虽然有所提升，但还不够高，依然需要夺冠的鼓舞，依然需要胜利的激励。在危难时刻，张蓉芳临危受命担任中国女排主教练，郎平任助教。两个刚刚走下赛场的运动员，迅速转换身份，全身心地投入训练中，迎接即将面临的巨大挑战。而当时张蓉芳已经有孕在身，但这并未阻止她奋斗的脚步。作为一名共产党员，只要祖国需要，她就义无反顾，坚决执行组织的安排。她辗转奔波各国，和队员们一路征战。跨过艰难险阻，战胜崛起的各国强队，以狭路相逢勇者胜的气概，开创了世界上第一个夺得"五连冠"的奇迹，诠释了勇于付出的女排精神、勇于担当的共产党员品格。

赖亚文，是郎平的助教，也曾担任过陈忠和的助教，是从1989年开始一直奋战在中国女排一线的"五朝元老"，是年轻球员们眼中温柔的知心大姐，她把自己的青春与热情全部献给了中国女排。很少有人知道，她曾经是中国女排的队长，也是球队的核心主力，连续参加过8届大赛，可惜却总与冠军擦肩而过。她不是最出名的运动员，也不是伟大的教练，但她是女排精神的最好诠释者之一。她的担当精神、责任意识、勇往直前的奋战精神，鼓舞了很多年轻的运动员。1998年世锦赛是赖亚文参加的最后一次比赛，在1998年世锦赛之前她不幸患了严重的肝病，无法参赛。预备顶替赖亚文的主攻王怡在比赛之前前往美国留学，比赛在即中国队却没有主力副攻。在这危急时刻，赖亚文带病返回赛场，为了国家和民族的荣誉，不顾个人安危，在世锦赛上顽强拼搏，绝处逢生，最终夺得了世锦赛亚军。退役十年后，她又重新返回训练场，以助教身份陪伴她热爱的排球事业，帮助年轻的球员们不断成长。在危难时刻，她挺身而出；在女排亟待成长的时候，她退居幕后，默默为中国女排事业奉献，同样诠释了勇于付出的女排精神、勇于担当的共产党员品格。

第三节　女排精神融于中国特色社会主义先进文化

　　文化是一个国家和一个民族的灵魂。新时代中国特色社会主义文化是中华儿女坚定文化自信，弘扬民族精神，坚守民族之魂，实现中华民族伟大复兴的强大精神支柱。女排精神是汲取中华优秀传统文化而成长起来的重要精神力量，是中国特色社会主义先进文化的一部分，是践行中国特色社会主义文化的产物，并助力推动中国特色社会主义文化的发展繁荣。

一、中国特色社会主义先进文化的一部分

　　新时代中国特色社会主义文化是源自中华民族 5000 多年文明历史孕育的中华优秀传统文化的文化；是立足当代中国具体实际、结合当今时代具体条件的文化；是面向现代化、面向世界、面向未来的，民族的科学的大众的社会主义文化；是熔铸于党领导人民在革命、建设、改革中形成的革命文化和社会主义先进文化的文化；是坚持为人民服务、为社会主义服务，坚持百花齐放、百家争鸣的创造性转化和创新性发展的文化。新时代中国特色社会主义文化，是中国共产党带领全国人民披荆

斩棘奋进 100 多年征程中的重要精神文化，更是指引中华儿女在新时代
实现中华民族伟大复兴中国梦的重要推力。

（一）坚定文化自信，推动中国特色社会主义文化建设

坚定"四个自信"是建设中国特色社会主义伟大事业的根本保障。
全国人民只有紧紧围绕在以习近平同志为核心的党中央周围，增强"四
个意识"，坚定"四个自信"，砥砺前行才能开创更加辉煌的新征程。一
个自信的人内心才会强大，才有直面各种困难的勇气。一个自信的民族
才能在充满挑战和冲击的国际舞台上站稳脚跟。2016 年 11 月 30 日，
习近平总书记在中国文联十大、中国作协九大开幕式上指出："坚定文
化自信，是事关国运兴衰、事关文化安全、事关民族精神独立性的大问
题。"党的十九大报告指出："文化是一个国家、一个民族的灵魂。文化
兴国运兴，文化强民族强。没有高度的文化自信，没有文化的繁荣兴
盛，就没有中华民族伟大复兴。"2023 年 6 月 2 日，习近平总书记在文
化传承发展座谈会上指出："文化关乎国本、国运。这段时间，我一直在
思考推进中国特色社会主义文化建设、建设中华民族现代文明这个重大
命题。"可见党和国家高度重视文化自信，重视中国特色社会主义文化
建设。

（二）中华民族的伟大复兴，不仅是物质的复兴，更是精神的复兴

在几千年的历史长河中，中华儿女抒写了辉煌震撼的流传千古的壮
丽诗篇。5000 多年中华文化是中华儿女用生命谱写的浩瀚诗歌，用智慧
孕育的璀璨明珠，也是中国人民为之骄傲的精神支柱。近代以降，西方
列强入侵，中国经历了漫长的屈辱史和血泪史。璀璨的中华文化结晶在
侵略的大火中燃烧，有些珍贵的文化载体被付之一炬，中国人民为之骄

傲的精神之力也遭到严重的打击，民族自信心也跌入低谷。中国共产党带领坚强勇敢的中国人民实现了民族独立、人民解放，进入新时代，奋斗不息的中华儿女以实现中华民族伟大复兴的中国梦为目标砥砺前行。

实现中华民族伟大复兴，不仅是物质的复兴，更是精神的复兴。经济基础决定上层建筑，只有经济发展、物质充足，文化和精神才有发展的根基；然而，只有物质没有精神的发展是没有灵魂的，是缺乏长久发展的内生动力的。中华民族伟大复兴既要靠全国人民立足实际工作，在各行各业中艰苦奋斗，持之以恒，开拓创新，不断推动物质发展，也要靠中华儿女以文化之力武装精神思想，用强大的精神之力推动物质建设，通过物质和精神的全面发展实现中华民族伟大复兴。

（三）女排精神是中国特色社会主义文化的组成部分

女排精神是在中国共产党的孕育培养下汲取中华优秀传统文化成长起来的，以祖国至上、团结协作、顽强拼搏、永不言败为核心内涵的体育精神。女排精神的文化内涵，是中国特色社会主义文化的组成部分。

女排精神是中国共产党带领全国人民在建设中国特色社会主义的过程中成功孕育出的重要体育精神，是符合中国特色社会主义建设需求、适应中华民族伟大复兴之路的重要精神力量。在新时代，女排精神依然得到不断的传承和发展。

二、践行中国特色社会主义文化的产物

女排精神的内涵十分丰富，是经历不同的历史时期并与当时的时代背景相结合的产物。女排精神的形成不是一蹴而就的，也不是单一精神的呈现，而是多种精神的结合，是经过漫长的岁月洗礼，经过几代女排

人在实践中不断磨砺、锻造成长起来的。女排精神被女排运动员在赛场上不断践行从而感动中华儿女，引发中国人民的精神共鸣，进而发挥凝心聚力的强大作用，推动中华民族的伟大复兴。

（一）伴随党领导全国人民在改革和建设过程中成长起来

中国女排 40 年"十连冠"的辉煌成就离不开党和国家的精心培育，女排精神的形成离不开伟大建党精神的孕育和影响。女排精神不同于一般的体育精神，中国女排从第一次夺冠开始，就承担起为祖国争光、为华夏儿女重新夺回民族自尊心和自信心的特殊使命。在特殊的时代背景下，女排精神成为引发振兴中华时代之音的重要推动力。女排精神的光芒至今仍未衰退，反而凝练为一种特殊的体育文化精神，以及推动中国特色社会主义现代化建设的民族精神，在新时代继续发光发热，成为助推中华民族伟大复兴的重要精神力量。

改革开放 40 多年，是中国共产党带领全国人民探索中国特色社会主义道路的历程，也是中国共产党几经探索历经波折，终于用举世瞩目的成就向世界证明中国特色发展之路已然探索成功的历程。女排精神正是在这个探索的过程中成长起来的。党对于体育事业的发展十分重视，通过多方面的支持推动中国体育的发展。在推动中国女排发展的过程中培养出女排精神，并用女排精神感染和引导中国人民同心协力共创发展之路。

女排精神的发展史，是几代中国女排人用青春和热血浇铸的奋斗史，更是中国女排与中国具体实际相结合的创新史。女排精神烙印着改革开放之初中国人急需用胜利来增强民族自尊心和自信心的历史，也浸透着改革开放之初中国面对充满挑战的国际舞台奋勇前行开拓创新的奋斗史，更融入新时代豪情万丈再次扬帆起航的中华儿女的开拓史。

（二）女排精神在践行中国特色社会主义文化中逐步成长

中国特色社会主义文化是以马克思主义为指导，源于中华优秀传统文化，坚守中华文化立场，立足当代中国现实，结合当今时代条件，面向现代化、面向世界、面向未来的，民族的科学的大众的社会主义文化，也是推动中国式现代化建设的时代精神。

女排运动员践行中国特色社会主义文化，以其指导运动员奋勇拼搏、赶超优秀、突破自我、挑战对手、刷新成绩的过程，运动员在比赛中展现出优秀的体育品质又凝聚成精神力量，反哺中国特色社会主义文化。

三、推动中国特色社会主义文化发展繁荣

中华民族伟大复兴是一项伟大工程，需要十几亿中华儿女经历漫长的奋斗才能实现。在新时代，弘扬女排精神有利于推动中国特色社会主义文化的发展，是坚定文化自信的重要体现。

女排精神与中国的时代背景相结合，深深影响几代中华儿女，成为推动中华儿女团结奋进、砥砺前行的重要精神力量。女排精神作为能够唤醒中华儿女共同集体记忆的载体，承载着推动社会主义核心价值观建设，从而推动物质和经济发展的重要使命。新时代弘扬女排精神有利于提升中华民族的民族自信心和自豪感，有利于凝聚推动中华民族伟大复兴的团结奋进之力，有利于推动中国特色社会主义文化的发展。

大国创造发展奇迹，大党孕育红色奇迹。如果说奇迹有颜色，那么它一定是红色。红色是千千万万中华儿女为中华之崛起而抛洒热血的英勇之色，是巾帼英雄——中国女排在赛场拼搏时最光彩夺目的队服颜色，是中国女排在世界赛事上赢得奖牌时高高飘扬的五星红旗的宏伟底色。大力弘扬新时代的女排精神，是对女排精神的升华。新时代弘扬女

排精神就要传承伟大建党精神，继续鼓舞中华儿女不忘初心、奋勇前行，共筑伟大中国梦。

中国女排，是感动中国的时代楷模，她们身上深深烙印着中国共产党红色精神的印记。可以说，没有中国共产党的培养，就没有中国女排的成就；没有共产党伟大精神的孕育，就没有女排精神的发展。中国共产党锻造了女排精神，女排精神丰富了共产党伟大精神的内涵。

弘扬体育精神　加快建设体育强国

　　女排缔造辉煌的三个历史阶段是女排精神形成的重要时期，也是女排精神成为中国人集体记忆的特殊时期，如同这三个时期大力弘扬女排精神有时代需要的必然性一样，新时代弘扬女排精神也是顺应时代趋势的必然要求。

　　弘扬女排精神就要坚持中国共产党领导。共产党是中国唯一的执政党，是带领广大中国人民从半殖民地半封建社会步入社会主义社会的政党；是带领中国人民推翻三座大山、驱逐侵略者、恢复中华河山的政党；是带领中国人民走出水深火热的生活，走向人民当家作主的政党。在过去的100多年中，中国共产党完成了中国革命，建立了新中国，进行了改革开放，取得了脱贫攻坚的胜利。100多年的历史证明，只有中国共产党才能救中国，才能带领中国人民迎来从站起来、富起来到强起来的伟大飞跃。

　　新时代，全国人民的共同目标是实现中华民族伟大复兴的中国梦。中国梦是复兴梦、强国梦，也是几代中华儿女为之奋斗的辉煌梦。强国梦不仅是经济的发展，而且包括科技、文化、体育等综合实力的发展。体育强国梦是中国梦的重要组成部分，振兴中国体育的伟大事业，既包括全面提升竞技体育，又包括在全国普及群众体育，还包括弘扬优秀体育精神。用体育精神推动中国体育朝着更高、更快、更好的方向发展，让体育精神成为推动中华民族伟大复兴的强大精神支柱。

一、将体育健身同人民健康结合起来

竞技体育的发展离不开伟大祖国的强力支撑。党的二十大报告提出，"促进群众体育和竞技体育全面发展，加快建设体育强国"。体育既是国家强盛的应有之义，也是人民健康幸福生活的重要组成部分。随着国家综合国力的提升，各类高精尖技术被融合进体育事业，并运用到运动员的训练备战中，对于女排夺冠起到至关重要的作用。人民群众健康理念的增强，进一步促使体育运动深入每个人的生活。健康中国、低碳环保、绿色出行、乡村振兴等内容，都同体育事业紧密结合起来，共同推进发展。

体育强则中国强，国运兴则体育兴。只有国民拥有了健康的体魄，民族的复兴和国家的兴盛才不会成为无本之木、无源之水。我国的体育事业在过去的几十年里取得了飞速的发展，无论是体育从业人员人数的快速增长，还是在国际体育赛场上取得的成就，都是有目共睹的。在新时代，要将体育健身同人民健康结合起来，因为体育运动只有普及到大众中，才能让中国体育永葆生机和活力。大众体育的普及，一方面能推动竞技体育的发展，让竞技体育拥有更多的人才储备和选择基础；另一方面是推动国民健康，提升国民身体素质的重要方法。健康的体魄是每个人最基本和最重要的需求之一，体育运动只有落到健康这一群众最关心的关键点上，才能得到大众的认可。

发展体育运动要坚持以人民为中心的理念，满足人民群众的健康需求。体育强国不是一蹴而就的，而是需要所有大众的认同和长期的坚持才能实现的。可以通过中国女排的感召力和女排精神的凝聚力，推行全民健身，不断提高国民健康水平。

二、将弘扬中华体育精神同坚定文化自信结合起来

体育强国的基础在于群众体育。增强人民群众对体育运动的认同程度，除了体育本身给群众身体健康带来的积极作用外，还包含体育所延伸出来的体育精神对国民素质的提升作用。一个人的强大除了身体的强大还包括精神的强大，精神的强大能够推动身心朝着更加积极正确的方向发展。

在不同时期，中国各行各业都掀起过学习先进体育精神的浪潮。一方面，体育精神可以作用于体育运动本身，让竞技体育在赛场上通过精神力量的加持产生强大力量；另一方面，体育精神是新时代中国特色社会主义文化的时代具象化，能够增强民族荣誉感和使命感。体育精神既能让竞技体育在精神力量的感召下不断磨砺、锻造直至突破极限，也能让群众因体育精神的感染而催发出参与体育运动的内生动力。因此，体育精神是振兴中国体育事业的重要助力。

以女排精神为代表的体育精神是在中华优秀传统文化的孕育和培养下，将源于体育运动本身的拼搏、坚毅、勇敢融入其中锻造而成的一种强大精神力量。文化是一个民族的灵魂，是一个国家拥有厚重历史底蕴的重要基础，是促进民族认同感和增强民族凝聚力的重要载体。中华民族悠久的历史和广博无垠的土地以及多民族的交融碰撞，孕育出博大精深的中华文化和丰富多彩的民族文化。这些历经岁月和时光的洗礼锻造出来的优秀中国文化是华夏儿女宝贵的精神财富，更是强大文化自信的不竭动力。

当体育精神发展成为一个民族内在的集体认同和文化自信时，就超脱了体育本身，进一步升华为个人和民族发展的强大推动力，成为一个

民族和国家内生的自信力。这样的文化自信一方面有助于增强民族内部的凝聚力，另一方面足以成为应对国际风云变幻的强大内驱力，是更加有效面对世界各国文化冲击的强大精神之盾。

三、将不忘初心和持之以恒结合起来

经过时代洗礼的女排精神历久弥新、永不褪色，这是女排精神的特殊之处，也是几代女排运动员不忘初心、不断传承的成果。弘扬女排精神就是弘扬中国共产党人精神，就要不忘初心。共产党员只有铭记党旗下的誓言，不忘党员的初心使命，才不会在全心全意为人民服务的工作中偏离方向。党的初心和使命，是为中国人民谋幸福，为中华民族谋复兴。这样的初心和使命是中国共产党把全国人民团结起来的关键，也是带领全党全国人民创造辉煌震撼的百年历史的关键所在。无论任何时候，党的群众路线都不能动摇，共产党员要做到从群众中来到群众中去。手中的权力是人民群众赋予的，就要做到权为民所用、情为民所系、利为民所谋。在新的征程上，要继续走群众路线，筑牢服务理念，坚定服务意识。

新时代大力弘扬女排精神，有利于促进民族团结。中国是多民族的国家，新中国的发展历史是各民族团结奋斗的历史，是 56 个民族为中华崛起而不断奋斗的光辉历史。女排运动员身上团结协作、荣辱与共的精神，体现了团结就是力量。一场胜利需要整个团队的精诚合作，在赛场上没有个人身份，她们只有共同的名字，那就是"中国女排"。同理，祖国要强大、民族要复兴，就需要 56 个民族团结起来，用伟大的爱国情怀和团结一致的决心拧成一股绳。56 个民族只有一个共同的名字就是"中华"，在新的时代要继续手拉手、心连心，用团结之势为中华民族伟大复兴携手拼搏。

体育强国梦是中华民族伟大复兴中国梦的重要内容之一。中国的体育运动从默默无闻到崭露头角再到荣誉不断，几十年的发展和成就令人瞩目。崇尚体育风尚、弘扬体育精神是推动中国体育长久发展的重要推力。催人奋进的体育精神能让运动健将产生强大的动力，也能让体育运动更具魅力。实现体育强国梦就需要进一步普及体育运动，把体育运动普及到广大人民群众中。通过体育运动，增强人民体质，增强人民凝聚力、战斗力，让体育运动增强人民幸福感，推进国运昌盛。

女排精神推动体育强国梦，体育强国梦助力中国梦。女排精神的指向不只是胜利，而是在比赛过程中女排付出的努力，这才是女排精神的魂魄。东京奥运会上，中国女排的夺冠之路提前结束。卫冕冠军的女排失败了，但女排精神却没有失败，女排精神的成长之路也没有结束，依然在前进的道路上。"十连冠"的成就已成过往，新时代中国女排的新征程正在开启。

中国女排在自我成长的道路上不屈不挠。女排精神经历岁月的洗礼后更加熠熠生辉，这和女排精神的不断成长成熟有着必然的联系。中国女排崛起、衰落、重生、辉煌的成长历程，也是女排精神不断探索、成长、完善和成熟的过程。无论是物质力量还是精神力量，只有顺应时代发展的潮流，契合时代发展的需求，才会历久弥新，不断传承和存续。中国女排的成长经历，让女排精神凝练出丰富的内涵。在不同时期，女排精神的内涵都与时代的主流精神契合，从而促使女排精神有了持久的生命力。

除了精神力量本身的内在成长之外，女排精神对社会的影响力也在不断顺应时代潮流而成长。精神力量的重要性体现在精神力量对实际行动的影响上，对实际行动没有指导作用、没有推动作用的精神力量只是纸上谈兵，最终只能化为过眼云烟。女排精神之所以成为中国人心中里程碑式的存在，和其强大的行动引导力是分不开的。每一个时代女排精神都能用她特殊的内涵和多元的方式在不同的层面引导全国人民以祖国至上、奋勇拼搏、不断进取、开拓创新的精气神昂首前行。

不因盛名而来，不因失败而去，中华儿女对中国女排的热爱永不停歇。女排精神是中华儿女刻骨铭心、永不磨灭的荣光记忆，是鼓舞时代青年栉风沐雨、砥砺前行的引航灯塔，是在中国共产党伟大精神孕育下成长起来永不褪色的红色奇迹。

参考文献

专著

马寅.荆棘与荣耀:新时代女排奋斗记 [M].北京:中国青年出版社,2020.

孔宁.中国女排:一种精神的成长史 [M].北京:北京日报出版社,2020.

刘亚茹.中国精神:那些年我们一起追过的中国女排 [M].北京:中信出版社,2019.

李佑新.抗战精神 [M].北京:中共党史出版社,2017.

费聿辉,徐东升.沂蒙精神 [M].北京:中共党史出版社,2018.

刘海霞.井冈山精神 [M].北京:人民日报出版社,2020.

许瑞勋.排球运动文化导论 [M].北京:人民体育出版社,2014.

李连科.价值哲学引论 [M].北京:商务印书馆,1999.

乔治·维加雷洛.从古老的游戏到体育表演 [M].乔咪加,译.北京:中国人民大学出版社,2007.

张国良.新闻媒介与社会 [M].上海:上海人民出版社,2001.

塞缪尔·亨廷顿.我们是谁？美国国家特性面临的挑战[M].程克雄，译.北京：新华出版社，2005.

论文

周阿萌.1984—2016年《人民日报》中国女排奥运报道理念嬗变[D].西安：陕西师范大学，硕士学位论文，2017.

邱琛.里约奥运会中国女排媒介形象研究[D].北京：中国青年政治学院，硕士学位论文，2017.

张丞润.新时代中国女排精神价值研究[D].苏州：苏州大学，硕士学位论文，2019.

贝炫毅.中国女排精神研究[D].南京：南京大学，硕士学位论文，2019.

高木子.从完美到真实的蜕变——中国女排媒介形象探析[D].上海：复旦大学，硕士学位论文，2013.

李保存.举国体制下运动员媒介形象的嬗变[D].武汉：武汉大学，博士学位论文，2019.

何国威.女排精神、集体记忆与国家认同想象：以纪录片《拼搏——中国女排夺魁记》为例[J].电影新作，2020（4）.

舒为平.中国女排现象的表征与时代意义[J].成都体育学院学报，2020（2）.

嘉央桑珠.《夺冠》：诠释新时代女排精神[J].中国电影市场，2021（1）.

报刊文章

李文龙 . "女排精神"的文化窥视 [J]. 广州体育学院学报,2020（2）.

陈晨曦，马剑 . 中国奥运军团大盘点 [N]. 人民日报，2016-08-23.

女排精神是民族精神的生动写照 [N]. 中国体育报，2016-08-22.

宋朝燕 . 女排精神的新时代内涵 [N]. 体育新闻，2019-09-29.

刘雪松 . 让女排精神跨越体育与时代 [N]. 浙江日报，2016-08-22.

张阿利 . 电影《夺冠》: 从三代女排透视女排精神的传承与发展 [N]. 文艺报，2020-09-30.

学习女排，振兴中华 [N]. 人民日报，1981-11-17.

张海强 . 女排精神的时代价值 [N]. 河北日报，2005-04-15.

我驻日大使举行招待会祝贺女排荣获冠军 [N]. 人民日报，1981-11-18.

慈鑫 . 被神化了三十年的女排精神 [N]. 中国青年报，2011-11-19.

王封 . 女排真精神爱你三十年 [N]. 齐鲁晚报，2011-11-13.